◎盖洛普顶级咨询顾问全新力作◎

60年研究消费者关系心理因素集大成者

[美] 威廉·麦克尤恩 著
William McEwen
方晓光 译

MARRIED TO THE BRAND

中国社会科学出版社

图书在版编目（CIP）数据

与品牌联姻/（美）麦克尤恩（McEwen W. J.）著；方晓光译．—北京：中国社会科学出版社，2010. 8

ISBN 978-7-5004-8690-9

Ⅰ．①与…　Ⅱ．①麦…②方…　Ⅲ．①企业管理：品牌管理
Ⅳ．①F273. 2

中国版本图书馆 CIP 数据核字（2010）第 072354 号

版权贸易合同登记号　图字：01-2007-1336

策　　划　路卫军
责任编辑　路卫军
责任校对　王兰馨
封面设计　李尘工作室
责任印制　戴　宽

出版发行　中国社会科学出版社
社　　址　北京鼓楼西大街甲 158 号　　邮　编　100720
电　　话　010-84029450（邮购）　　传　真　010-84017153
网　　址　http://www.csspw.cn
经　　销　新华书店
印刷装订　三河市君旺印装厂
版　　次　2010 年 8 月第 1 版　　印　次　2010 年 8 月第 1 次印刷
开　　本　710×1000　1/16
印　　张　10. 5
字　　数　113 千字
定　　价　38. 00 元

中文版序

2005 年 5 月，北京举行《财富》全球论坛，我应邀代表中国盖洛普公司参加。会上，我见到不少如雷贯耳的国际企业领袖，听他们高谈阔论。其中印象最深的是 5 月 17 日上午举行的“亚洲的汽车产业”主题大会。除《财富》杂志的主持人外，坐在台上的是美国通用汽车公司董事长兼总裁瓦格纳（Richard Wagoner），上海汽车工业总公司总裁胡茂元和德国宝马汽车公司董事长庞克（Helmut Panke）。我记得，三人讨论的话题之一是自主品牌。作为上汽的掌门人，胡茂元声称，上汽 2002 年提出三大目标：第一，2007 年达到 100 万的产量；第二，通过做大进入“世界 500 强”；第三，自主品牌生产实现 5 万辆。胡宣布，前两个目标已经提前达到，唯有第三个目标“比较艰巨”。对此，作为上汽的合作方，“政治上正确”的瓦格纳立刻表示理解和支持。轮到庞克，这个一头白发的瘦高德国人却不紧不慢地泼了一瓢凉水。“建立品牌可不是容易的事，”他操着略含德国口音的英语说，“没有几十年工夫根本不可能。就说丰田的雷克萨斯（Lexus），先从美国做起，现在做回日本，算是有点名气了，可是在欧洲根本数不上。”

连雷克萨斯都数不上？口气之大，近乎狂妄；可言者代表大名鼎鼎的宝马，本人又是品牌营销界的传奇，就这么牛。

中国改革开放至今，人们对品牌的认识逐渐深化。如今，对于“中国制造”的尴尬，国人皆有切肤之痛。记得当年朱镕基在美国麻省理工学院演讲，有人问到中国对美贸易顺差，总理反问，“你知道我们的工人做一双耐克鞋挣多少钱?”接着自己回答，“7 美分！可卖到商店里，哪双不要几百块。”虽然总理没说，但据称乔丹一年为耐克的代言费高达2000 多万美元，这得中国工人做多少鞋！耐克是没有自己的工厂的，生产全部外包，就是因为有品牌，把中国工人欺负成这样。

几十年来，中国的企业和企业家们为建立自己的品牌作出了巨大的努力，不无成果，然而，一如庞克的逆耳之言，我们依然任重而道远。其中的主要原因是火候未到。毕竟品牌是文化，名牌是神话，我们进入市场经济区区几十年，如何比得上人家的百年老店！我们的许多产品即便是自主设计，也至多有个牌子，而算不上有品牌。不信，看看本书引用的《商务周刊》名牌榜，哪有中国产品的影子。不过，我觉得，除了时间短，我们诸多企业家的品牌观有误也是一条重要原因。例如，很多人认定，名牌就是名气大，知道的人越多越值钱；于是，大把的银子不是用来改进产品和服务，而是铺天盖地打广告，以至于催生了几代“标王”。至于屡禁不止的假广告，更是连良心都不要了，还谈什么品牌建设！

品牌究竟是什么？专家的著述堆积成山。我觉得，说到底，品牌是消费者对于某个产品、服务或其供应商的情感依附。这种依附不是凭空而生，也不是广告忽悠而来，而是消费者的理性和情感需求在使用产品和服务时持续得到满足的结果。情感依附到了一定程度，消费者甚至会对品牌产生一种非理性的激情或狂热。如此，品牌会给厂商带来真金白银的收益，且往往远超过产品的实物价值。美国盖洛普公司曾做过一次汽车测试：研究人员邀请被访者先试驾一辆无牌原型车，然后回答品牌和价格的问题；结果发现，如果这车是一辆尼桑，消费者愿意付 2 万美元，而如果是宝马，他们就愿意付 4 万美元。明明是同一台车，仅仅为了 BMW 三个字母，人们竟然愿意多花一倍的钱，这理性吗？

诚然，宝马属于尖端案例，令大部分商家望尘莫及。然而，如本书所示，做好了，即使初看起来不那么煽情的产品和服务也能产生品牌效应，也能与众多消费者实现“联姻”。

长达 60 多年，美国盖洛普公司一直在研究品牌建设与管理。不过，与大部分专家不同，盖洛普是从消费者而不是商家的角度开展研究的。简言之，盖洛普试图回答的问题，不是某个品牌应当如何包装和推广，而是消费者对产品和服务有什么理性与情感需求，以及这些需求的满足程度与品牌效能的关系。

我在中国盖洛普公司工作十几年，深知盖洛普的“一招鲜”是测量，特别是软数据的测量与管理。所谓“软”，就是人的意见、态度和行为，这里的人有两类，一是员工，二是消费者。而“数据”就是对这些意见、态度和行为进行量化分析。如今，测量的重要性已为企业和学术界普遍认可，然而，落到实践，仍有诸多迷茫，其中的关键就是“量什么？”打个比方，如果你要做衣服，那就量三围，千万别量手指头。然而，在管理实践中，我们不是老在“量手指头”吗？

通过多年的观察和研究，盖洛普发现了消费者对品牌情感依附的“三围”，称为CE11。C即顾客（customer）；E代表英文单词“engagement”。这个字很难翻译，其含义不是一般意义的“忠诚”（loyalty），更远远超过“满意”（satisfaction）。思考再三，我决定把它译为“钟情”。CE11就是盖洛普专有的“顾客钟情度指标”。

CE11由两层共11个指标组成。第一层叫做“L3”，即3个忠诚度（loyalty）指标，分别测量消费者对某个产品或服务的满意、再购买和推荐的程度和可能性。如书中所言，这3个指标在传统的顾客忠诚度评测中使用多年，得到业界的公认。

第二层指标是盖洛普独创，称为“A8”，即8个情感依附度（attachment）指标。这8个指标分别归于4个阶梯，形成一个“金字塔”，由下而上分别是：信心（confidence），诚信（integrity），自豪（pride）和激情（passion）。

信心是品牌效能的基础，其两个指标是：“（品牌）是我始终信任的名字”；“（品牌）始终信守承诺”。其所测量的是消费者对某个产品或服务的信任度，其中含义多多，例如，它的质量可靠吗？它的承诺可信吗？我能放心用它吗？不言而喻，“放心”是任何产品或服务的底线，书中称为“台面筹码”（table stakes），或曰“惩罚因子”（dissatisfier），即：做好了，你出场，做不好，你就出局。可悲的是，作为中国消费者，我们都能举出无数的例子，特别是食品，连这一关都过不了。

诚信比信心高一层，但也属于“惩罚因子”：“（品牌）始终公平待我”；“如果发生问题，（品牌）始终能够妥善解决”。这里测的是消费者眼中商家对顾客的基本态度和责任心。顾客真是上帝吗？还是说说而已？“店大欺客”，“势利眼”，“翻脸不认人”，想必我们都有过各种不快的经历。另一方面，如果商家信守契约，特别是发生问题时妥善解决，我们油然产生感激之情。我自己就有过这样的经历。几年前，我买了一台国产名牌洗衣机，定时器刚用就坏了。一个电话，来自原厂的修理工即刻登门，手到病除。不仅如此，事后竟然连接三个售后电话，又是道歉，又是承诺。如此，我不仅不抱怨，还向不少人推荐，成了义务宣传员。

“惩罚因子”做好了，至多出场，而要出彩，必须做好“奖励因子”（satisfier）。CE11 的奖励因子处在金字塔的上两层。其一是“自豪”：“我为成为（品牌）的一名（顾客/购买者/使用者/拥有者）而感到自豪”；“（品牌）始终尊重我”。自豪属于情感领域，要使消费者感到自豪，晓之以理是不够的，必须动之以情。例如，都说银行没有品牌之分，然而，我对办公楼下的某家银行分理处却情有独钟，不是因为硬件或服务项目有什么特别，只是因为不少职员认识我，每次都把我当成贵客接待。同理，沃尔玛对所有一线员工都有一条要求：要像在家中客厅接待贵宾一样对待每一名顾客。

顾客钟情的最高境界是“激情”，位于金字塔顶端：“（品牌）对于我这样的人是完美的（公司/产品/品牌/商店）”；“我无法想象世界上没有（品牌）”。这话听来有点极端，世上选择那么多，哪有什么“完美无瑕”和“不可或缺”？然而，人性本来就是情感超过理智，而优秀品牌都是煽情的，一直煽到顾客有口皆碑，爱你没商量。此举固然不易，但做到了，你的品牌就固若金汤，傲视天下。一如上述，不少宝马车主就有类似的狂热，所以庞克的“牛”不是空穴来风。

CE11是盖洛普发明的测量工具，用来评测某个产品/服务或商家的品牌效能。可是，为了攀登顾客钟情的金字塔，商家应当如何行动呢？对此，《与品牌联姻》做了深入探讨，并引用了诸多成功案例。简言之，要做好品牌，商家必须做好三件事：其一，说明你的品牌承诺，必须可信（credible）、有冲击力（compelling）、并与顾客的愿望衔接（connect）；其二，识别你的目标客户及其需求；其三，确保在每个顾客触点上实现品牌承诺。

透过上述，我们领悟到一种先进的品牌观：品牌的根基不是单纯的知名度，而是与消费者建立和维持积极、健康和互惠的关系，所以来不得半点的虚假和投机。如此看来，中国企业的软肋不仅在于缺少优秀品牌，更在于普遍缺乏对品牌的正确领悟。我们太性急、太浮躁、太浅薄：只会造势，而不愿修炼；只显十年锐气，而不争百年辉煌。所以，中国企业要追赶国际先进，当务之急是树立正确的品牌观，并在其指引下，静下心来，踏踏实实地从产品、渠道、促销、价格、人员这5个P做起，一步一个脚印地向顾客钟情金字塔的顶端攀登。假以时日，我们期待更多的中国制造变为中国发明和中国品牌，继而使更多的中国企业摆脱耐克鞋厂的窘境，获得应有的回报。愿《与品牌联姻》和CE11助大家一臂之力。

盖洛普咨询有限公司（中国）前副董事长

北京FG（赛惟）咨询有限公司董事长、总裁

方晓光

2009年4月，北京

前　言

对马蒂来说，有两条最重要的关系，一是住在同一街区的哥哥，另一个是星巴克。

从周一到周五，马蒂每天下午都要走过四个半街区，来到他办公室附近的星巴克。虽然马蒂能在办公室内喝到公司免费提供的咖啡，但他宁愿走出大楼，走过另外两家咖啡店，到那家星巴克分店，高高兴兴地付上 1.60 美元，买一杯他不花钱就能在办公桌旁唾手可得的咖啡，而且风雨无阻。

那咖啡一定与众不同。

然而说真的，马蒂很可能喝不出他喜欢的咖啡与 Diedrich 或 Peet's 或 Seattle's Best 这些店家正在出售的产品有什么不同。

但是，马蒂每次进入星巴克，杰森已经给他倒好一杯他喜欢的苏门答腊咖啡（Grande Sumatra），一边喊着马蒂的名字，笑脸相迎。他总是在马蒂的杯子里留出一点空间，因为他知道马蒂喜欢喝到一半时再加满。马蒂付了 1.60 美元，习惯地往装小费的罐子里扔一枚 25 美分的硬币，然后在靠窗的高凳子上坐定。

其实，马蒂买的不仅仅是咖啡，而更是一种体验。他买的是脱离办公桌的半小时休息——远离响个不停的电话和没完没了的 E－mail。对于日理万机的马蒂来说，这段插曲至关重要，而他花的钱还不到两美元。

与其说星巴克的咖啡“值”，不如说马蒂觉得在星巴克的体验值——或许更重要的是，他自己值。星巴克之行是他一天忙里偷闲的私密时刻，是不能轻易更改的老规矩。

在此，我们有必要指出，马蒂喜欢的并不是一家公司，尽管星巴克的使命是成为“全球顶级咖啡的顶级供应商”。毋宁说，他喜欢的是其中的一家分店——全球7000多家分店中的一家。

马蒂之所以从周一到周五每天都到星巴克来消费，是因为那家他偏爱的分店给了他某种回报。凡是持久而深刻的关系都是互补的。

但是，与他偏爱的分店相比，马蒂的投资回报并不总是让他满意。两个月前，他来到一座离家3000英里的城市。他约好上午10:00与人见面，由于到得早，便来到位于对街一家酒店大堂里的星巴克小憩。这里的苏门答腊咖啡，以及店徽、餐纸和绿色的背景与其他分店完全一样，然而，马蒂觉得，它与自己喜爱的星巴克分店不是一回事。他与其他顾客一起排队，把订单交给服务员，后者为他倒好咖啡，放在他面前，一边例行公事、面无表情地朝他点点头。马蒂坐在一张小桌子边，用餐纸擦去桌上残留的糖末。不知何故，他感觉有点不对劲儿。

你可能感到不解。马蒂到的是一家星巴克分店，与其他分店毫无二致。但是一家星巴克分店与一次星巴克体验之间有着本质的不同。对于马蒂和千千万万与他一样的顾客而言，星巴克体验不仅仅是围裙、杯子、咖啡豆和店内装饰。尽管星巴克大力推行标准化，但每家分店给予顾客的体验都各不相同。这一点很重要，因为如果所有的星巴克分店都与这家大城市的酒店大堂分店一样，马蒂每天下午的习惯就会完全不同。

一次星巴克体验的实质在于马蒂来店内消费时所获得的感受。咖啡的味道以及杯子可能完全一样，但感受会不同，因为体验不同。马蒂的感受是他与星巴克关系的核心——而成千上万像马蒂这样的顾客的感受将决定星巴克的命运。

消费者的故事

关于星巴克如何销售产品、如何全球扩张、如何多元化以及如何开拓分销渠道，人们曾经大书特书。然而，他们写的都是星巴克公司的故事。

本书不讲星巴克或其他公司的故事；不描述独具慧眼的企业家、营销总监或广告代理，相反，我们讲的是马蒂这样的消费者的故事，因为任何一家销售品牌产品和服务的企业能否成功，全由他们来决定。本书的主题是马蒂和千千万万像他那样的消费者如何与品牌建立关系，以及他们为什么这样做。

就其动机而言，消费者初次购买或访问与从“第一次约会”发展成持久的关系——与品牌“联姻”是大不相同的。星巴克这样的公司绝不能满足于更多的“第一次约会”；它们的财务成功取决于能否建立更多的“婚姻”。

毕竟，马蒂并不是生下来就成为星巴克的顾客。事实上，15 年前他连星巴克的名字都没听说过。他初次接触星巴克纯粹是出于好奇。他并不想与星巴克联姻，甚至并未刻意寻找新的方式来忙里偷闲。碰巧有几个同事谈到一家新开张的咖啡屋，其中一人对前一天喝到的拿铁咖啡赞不绝口。虽然拿铁咖啡并非马蒂所爱，但他想亲自了解人们的热情从何而来。马蒂与星巴克的初次约会就这样发生了，起因是同事的议论勾起了他的好奇心，并且他觉得自己没准也会喜欢。

但是，马蒂坐下来喝第一杯咖啡时，他与星巴克的关系并没有突然绽放。一如所有意味深长的关系，它是逐步深化的。这一进程长达数月，其间“约会”多次，使马蒂得以——或许是下意识地——判断，星巴克是否适合他，以及在哪些方面适合他。他与星巴克的关系从第一次见面逐步发展为一种真正的品牌联姻：如今，星巴克已经成为马蒂日常生活的一个不可或缺的组成部分。

有必要指出，马蒂并不会与他经常接触的每一个品牌“联姻”。他与常去的 Vons 副食店就没有情感纽带，尽管他在那里买瓶装水、色拉酱和香蕉。他与希尔斯百货店也关系平平，虽然买过那里的蓝毛衣和清扫落叶的风机。但是他与星巴克的关系就不一般。区别何在？星巴克能与马蒂“衔接”，而 Vons 和希尔斯则做不到。

本书深入阐述我们关于两个问题的见解，其一是品牌关系，其二是真正的品牌联姻是如何形成的，以及其所具有的价值。我们将探讨维系健康的婚姻关系需要什么条件，以及什么情况下这一关系会削弱，甚至死亡。

互补的关系

并不是所有的品牌联姻都发生在消费者与他们购物或喝午

后咖啡的商店之间。有的品牌关系包含某种服务的成分，例如杰森与顾客的直接互动。但是大量的关系涉及一种品牌产品与购买或使用该产品的顾客。这类关系十分广泛，从啤酒到火花塞到微波炉。

还有的情况下，商家的销售对象是别的商家，此处的关系存在于工程师与预制件公司、IT 经理与软件供应商或医生与制药公司之间。

在这些情况下，也可能建立和维系品牌联姻。但是牢固的“婚姻”并非必然；购买或使用一种品牌（与它“约会”）不一定通往“婚姻”的殿堂。

“婚姻”不仅仅是一种行为。

独一无二

让我们来看看一种完全不同的购买场景和消费者。埃莉诺来到附近的拉尔夫斯超市，沿着 6 号通道推着购货车，寻找她喜欢的莫顿（Morton）牌食盐。可是，今天它比 26 盎司一袋的商场自有品牌贵 20 美分，价差高达 40%。一如许多老年人，埃莉诺的收入是固定的。难道拉尔夫斯牌的食盐不够好吗?

然而，尽管别的盐更便宜，但埃莉诺情愿为莫顿牌的盐多花宝贵的几毛钱。她这样做不是为了向别人炫耀。她买莫顿牌是因为感觉不一样。一如马蒂，埃莉诺对不同的产品或品牌的感觉是不同的。她只关注几个特别的牌子——它们不仅赢得她的思想，而且赢得她的心。本书所关注的就是这样的紧密关系。

埃莉诺为什么对莫顿牌食盐情有独钟？推动她与这个品牌

初次约会的不是简单的好奇心，而是她的儿时记忆——每个周一的晚上，母亲都做她爱吃的利马豆煲。后来，埃莉诺与莫顿的姻缘得以延续，是因为所有的其他品牌在她看来都缺一点点特别之处，难以唤起她那么多关于厨房的美好回忆。这就是为什么她愿意多花 20 美分的原因。

显然，并不是所有的消费者都与埃莉诺的感觉相同。有的人对盐不在乎，有什么牌子就买什么。有的不与莫顿而与商店自身的品牌联姻。对于大量的产品种类而言，商店品牌所缔结的姻缘与产品一样多。

无论是哪种产品或服务，并不是所有购买某一品牌的人都与它联姻。消费者与之联姻的品牌也各个不同。而且，他们并不与其所接触的所有品牌联姻。

倾听消费者的呼声

埃莉诺和马蒂是真人。他们虽然只是两个人，却代表了成千上万的消费者，他们各自都与其所购买和使用的某些品牌建立了独特的关系，都有动人的故事可以讲给我们听。本书传递的就是这些消费者的呼声。

营销总监们可能从未听过埃莉诺和马蒂的呼声，这是因为他们大部分人只关注与消费者整体有关的数据。然而，消费者不等于简单的数据，也不仅仅是营销的目标，只会被动地等待精心设计的促销活动来告诉他们该买什么和什么时候买。

长达 60 多年来，盖洛普公司一直在倾听消费者的故事。我们与各式各样的消费者交谈，有的在英国酒馆买啤酒，有的在北京买手机。我们访谈过超市的顾客和在快餐店前排队的青少年。我们还访谈过房贷经纪人、医生和运输公司经理。我们听他们讲述各自的品牌经历，以及品牌——某些品牌——使他们产生怎样的感受。

我们的研究表明，健康的品牌联姻会给一家公司及其股东带来巨大的财务回报；然而，这一回报取决于这些品牌能否给消费者带来重要价值。

说到底，决定品牌关系的是消费者，而不是可能担任“品牌经理”的那些 MBA 们。消费者决定他们是否忠诚于莫顿或星巴克这样的品牌。即便回答是肯定的，这一忠诚也不是终生不变的。一如当今世上的诸多婚姻，离婚是司空见惯的，而“相亲相爱，白头偕老”只是神话。

永结良缘

优秀品牌，例如迪斯尼、丽嘉酒店、健力士啤酒、Nordstrom[①] 和新加坡航空，都与它们的顾客建立了牢不可破的联姻。关于这些公司的著述甚多。虽然这些品牌与其顾客建立了持久的关系，但我们必须牢记，这些关系都是人际关系，需要一个一个地去争取顾客。因此，这些公司的顾客到底有什么想法和感觉值得我们深入探讨。

《与品牌联姻》对消费者进行了全新的描述。本书揭示了

① Nordstrom 总公司位于美国西雅图，1975 年开始进军百货业，现今在美国国内拥有七十七家百货公司。——译者

消费者与各类对象所建立的情感联系的实质，这包括他们购买的品牌、购物的商店、就餐的餐馆和存钱的银行，等等。

我们之所以能够对消费者关系进行全新的研究，是因为我们发现了一种独特的方法，来测量和管理消费者关系，而在此以前，人们认为，这些关系虽然很重要，却无法测量，继而无法管理。

本书引用了 2000—2004 年在全球进行的新的消费者研发的结果。它描述并界定了消费者对品牌的情感依附，而正是这种依附将消费者与某一品牌紧密相连，使其他品牌无法插足。本书还描述了终极的品牌关系：对品牌的激情。我们所指的不仅是对煽情的奢侈品——例如宝马汽车和阿玛尼西服——的激情；而且包括一些不那么煽情的品牌，例如沃尔玛、联邦快件或英特尔，甚至对万事达卡、BP 或 MCI 的激情。

我们研究了一些世界顶级的品牌联姻，并探讨是什么因素促成了消费者与品牌的第一次约会，继而迈出建立关系的第一步。我们深入了解要建立持久的品牌关系，即一家公司与一名顾客联姻，有什么必需的条件。

《与品牌联姻》将我们的发现与大家分享，并探讨经理与员工如何在此基础上努力建立强固的品牌和持久的品牌联姻。我们的发现不仅适用于制定品牌战略的企业高管，而且适用于执行战略的一线员工，而他们每天都与品牌生活在一起，不是加强它，就是削弱它。

作为建立品牌关系的第一步，你必须倾听顾客的呼声。他们的故事不仅能在焦点座谈中听到，而且——只要你问对问题——能在大规模的定量调查中听到。

Contents 目录

第一章

通往品牌激情的道路

半个多世纪以来，盖洛普一直在听消费者谈论品牌，特别是与他们建立持久的情感联系的品牌。并且，在数百万这样的消费者访谈中，我们还听到了不少半途而废的关系。

我们深入研究消费者访谈而得出的结论会使一些公司经理们感到意外；同时，这些结论会证实另一些经理们已有觉察却无法证实的事情。《与品牌联姻》就是我们的研究结晶。以下的结论概括了我们的发现，并勾画了随后各章的思路：

- 无论企业花多少钱实施营销计划或利用重大赛事发动广告攻势，品牌联姻都不是一日之功。即使在互联网时代，建立真正的品牌关系都需要旷日持久的努力。
- 一名普通的顾客与一名钟情（engaged）的顾客是有重

大区别的。企业的目标不是单纯地增加顾客数量，而是建立顾客的钟情度（engagement）。

- 大部分提升顾客满意度和忠实度的方案并没有增加健康的品牌联姻。这不是因为企业舍不得花钱，或者它们不当真，而是因为这些方案忽视了推动品牌关系的真实因素。此外，忠实度方案很容易被竞争对手复制，结果，它们徒增加运营成本，却无助于解决建立品牌联姻所涉及的关键问题。
- 吸引一个人初次购买或使用与将此人变为情感上充分依附的顾客是截然不同的两件事，就像约会不等于婚姻一样。然而，两件事都涉及不可或缺的情感联系，对此，我们必须充分理解，以便进行管理。
- 要建立一种新的品牌关系（第一次约会），企业必须作出一种品牌承诺，它不仅可信（credible），而且有冲击力（compelling），此外，还与潜在顾客建立一种个人的联系。如果目标是建立持久的联姻而不是“一夜情”，品牌就必须建立激情的平台。
- 仅靠产品是不足以支撑激情荡漾的品牌关系的，同理，仅靠低价、别出心裁的广告、炫目的包装或百里挑一的位置也无法奏效。它们必须形成合力，因为决定品牌联姻健康度的是整体品牌体验，而不是某个孤立的因素。
- 为了保留顾客（实现品牌联姻），必须不断加深顾客与品牌的初始联系。保留顾客不仅要求作出承诺，而且要求实现整体的品牌体验。为了保持健康的品牌联姻，企业必须在后续的每个时间点和品牌触点信守品牌承诺。

- 大部分情况下，消费者仅仅信任一个品牌是不够的，这是因为他们可能信任许多品牌。然而，他们的情感联系往往到此为止。信任是不可或缺的基础，舍此婚姻就不可能持久。然而，要使关系历久弥坚，必须有品牌激情。
- 大部分企业只与少数顾客保持坚实的品牌关系。甚至优秀的品牌至多只与其一半的顾客保持健康的关系，而且它们往往不知道这些顾客是谁。
- 无论什么行业的企业或公司，都有大批的顾客与它们无缘。尽管企业忙于实施各类顾客关系管理（CRM）和促销方案，但不满和脱钩的顾客有增无减。它们不是在建立品牌联姻，而是在创造离婚的条件。
- 情感并不是只适于贺卡诗句和好莱坞剧本的温馨而含糊的概念。情感不仅强烈，而且值钱。无论一家公司卖的是汉堡包还是微处理器，事实证明，对顾客动之以情能产生财务回报，而疏远他们则代价高昂。
- 每次顾客与一家公司接触——它的产品、商店、员工、广告或报纸上的报道——品牌关系都可能加强或削弱。品牌联姻不是静止不动的，而是在不断变化。
- 品牌关系管理不仅仅是营销的挑战，也不是仅靠运营、产品开发或信息技术升级就能完成的任务。成功的婚姻管理需要公司全体员工密切配合，一致努力。
- 对品牌联姻进行自上而下的管理看似有效，其实行不

> 通。顾客关系管理并不发生在高管的会议室里，而是发生在一线的顾客触点上。

盖洛普的研究表明，要确保持久的品牌关系，顾客满意是远远不够的。我们还发现，“忠实”也不够，而“优秀”表现更是于事无补。这就产生了一个巨大的问题。一如吉姆·柯林斯（Jim Collins）在《从优秀到卓越》（*Good to Great*）一书中所指出的，太多的公司满足于“优秀”。他写道：“优秀是卓越的敌人。”婚姻需要更多的东西；爱情的要求大大超出喜欢。

多此一举？

讨论品牌和思考顾客关系都不是新题目。书店里关于品牌的书汗牛充栋，而成千上万的营销经理们为应对品牌的挑战常常绞尽脑汁，夜不能寐。大型企业联合会（Conference Board）对 CEO 们的调查显示，顾客保留、有机发展和品牌忠诚是管理层最关心的三大问题。许多企业在年度报告中宣布，它们的目标不是仅仅吸引新的顾客，而是使他们“满意”和“高兴”，甚至“喜出望外”。

为了达到这些远大的目标，企业要求其营销部门加倍努力，并求助于广告代理、公关公司和包装设计师。它们专门设立了顾客关系部，配备专用的 CRM 软件，并任命顾客关系经理，专门负责监测和管理企业的顾客关系。

这一切效果如何？恕我直言，不怎么样。企业在浪费金钱和失掉机会。尽管钱花了不少，但事实证明，大部分公司并没有改进顾客满意度和提升顾客忠实度。大部分公司没有使顾客高兴。持久的婚姻只是凤毛麟角。

密歇根大学实施的美国顾客满意度指数（ACSI）调查表明，无论什么行业，顾客满意度指数自该调查开始的1994年起并无改进。在绝大多数情况下，满意度的走向与传奇的煎饼一样平。盖洛普的一项分析发现，只有二十分之一的美国公司——可怜的5%——在7年时间里持续改进了顾客满意度的得分。

对此，企业感到失望和幻灭。贝恩公司实施的2001年管理工具调查发现，仅有四分之一的高管对测量和管理顾客满意度的效果"非常满意"。正如贝恩公司所报道的，或许正因为如此，进行某种顾客满意度测量的公司锐减——从1993年的86%降为2000年的60%。

"喜出望外"的顾客都到哪里去了？在哪里出了什么问题？

第二章

为什么消费者与品牌联姻

为了了解牢固的品牌关系的威力，我们不妨到品牌世界中作一次短暂的旅行。品牌并不仅仅是企业用来标识其所推销的产品和服务的名字。品牌的作用要大得多——不仅对于营销者，而且对于消费者。

品牌对消费者在使用其中意的产品和服务时的体验进行标识、界定和表达。品牌是约会时的舞伴，是单个消费者建立重要、互惠、甚至恋爱关系的对象。

品牌五花八门，无处不见：汽车、麦片、牛仔裤、激光打印机、律师楼、贴现经纪人、副食店 …… 它们都在吆喝着，互不相让，力争引起消费者的注意，以求开始第一次约会，并发展为持久而深远的关系。

这些品牌中，只有少数成功，大多数则无功而返。成功的品牌为消费者带来有形或无形、理性或情感的回报。而且每次消费者与它们接触，都能获得这样的回报。

品牌建设与品牌“蜂鸣”

每个关心商务管理的人都知道，至少在过去的50年里，品牌和品牌管理是企业和学术界的热门话题，不仅营销人员关注，而且专著成堆。我们既然为这一题目花了这么多时间和脑筋，现在理应了解品牌是什么，吸引一名新顾客需要什么条件，以及如何才能使他成为回头客。你会认定，我们已经熟知充满激情的消费者与无动于衷的消费者之间的区别，以及如何建立牢固的品牌联姻。天哪，我们没弄明白！

诚然，我们都听说过一些关于单个品牌建设的有趣的故事，还有那些如雷贯耳的品牌先锋和广告奇才：西南航空公司的赫布·凯莱赫，宝马公司的赫尔穆特·潘克，麦当劳的雷·克罗克……等等。

商务媒体也充斥动人的故事，报道虽然不同寻常，却没有普遍意义的品牌关系。你一定读过有关哈雷信徒、Linux 粉丝和 eBay 团伙的报道，听过关于品牌“蜂鸣”、品牌“邪教”、品牌“部落”的故事，还有广告巨头萨奇广告公司（Saatchi & Saatchi）所谓的消费者“爱痕”（Lovemark）。这些故事往往既引起人们兴趣，又挑动他们争论。它们描述了一种充满激情的品牌关系，其特征是一种热烈的、甚至狂热的、口口相传的品牌劝导，有人称之为消费者“传道”。

但是这些品牌故事是无法复制的。当今世上，像哈雷戴维森这样的品牌少之又少，而且当下的热门品牌明天就可能像

Pets. com 那样申请破产；红极一时最终沦为昙花一现。

不仅如此，这些故事通常缺少真正的科学依据来说明怎样才能建立和保持牢固的品牌关系。它们的证据往往是孤立和概念化的，缺乏数据来支持那些被宣称为事实的论断和假设。并且，不少经理人虽然管理的品牌并不煽情，却要承担建立活跃的品牌关系的重任；对他们而言，尽管这些关于品牌的报道与专著写得引人入胜，却没有多少实际指导意义。

通常，人们进行品牌建设不外乎以下两种方式：

1. 一些专家程式化地看待品牌建设，用包装商品行业常见的死板方式来思考。与道听途说的品牌故事不同，他们用抽象和线性的方式来规定具体步骤，以求“科学”地建立优秀品牌。他们建立了外部决定的序列决策框架，与所谓的 AIDA（认知、兴趣、欲望和行动）模型一脉相承。并且，尽管事实证明，消费者数据（例如 FCB 广告公司的研究人员提供的数据）根本不支持他们所认定的“思考—感觉—行动”的线性逻辑，但他们仍然固守其模型。此外，他们提出的管理行动建议更适用于推出象牙牌香皂或 Vlasic Stackers 腌黄瓜，而不是如何发展维京航空、耐克或 iPod。他们关注的是企业高管，而忽视在商店或呼叫中心发生的情况，尽管这里是顾客服务的一线。
2. 另一些专家则把品牌建设看成某种创造的过程，一切都取决于某个营销奇才的过人意志和独特灵感，例如索尼的盛田昭夫、耐克的菲尔·奈特和盖洛酒业的欧内斯特·盖洛。根据此观点，品牌建设的过程是某种“可喜的偶然”，基本上无法复制。

尽管线性的和外部决定的老模型无法解释人的情感，但这并不意味着品牌建设是一个无法进行科学研究的过程。程式化的做法之所以不能奏效，是因为它未能获得与情感相关的数据。但是，这并不表明仅靠天才的创造就能解决问题，因为尽管品牌建设从本质上说是一个创造的过程，但仍离不开严格的科学和数据支持。

品牌与品牌区分：传递深刻的信息

品牌很早就得到了广泛使用，相比之下，品牌管理成为课程或引起企业高管的注意则要晚得多。最早的时候，品牌是猎人和牧人用来标识所有权的独特印记，具有区分的功能。品牌发布简单的声明：“这是我的，那是你的。”

随着中世纪行会的兴起，这些标识所有权的印记获得了一个新的功能——其对于我们了解品牌关系有着格外重要的意义。一如画家签名、家族纹饰和徽章图案，具有区分功能的印记被用来传递超过所有权本身的重要信息。有的信息传递物主的地位或权势——“让所有的人都知道我是谁。”还有的用来担保产品的质量——“这是我的产品，是我做的。”“我为它负责，上面有我的名字。”

于是，品牌的功能得以延展，远远超出纯粹的所有权区分，而来传递生产者对产品的个人担保，以及与占有产品的体验相关联的积极而令人羡慕的价值。它们现在表达了一种互惠的关系，体现了物主和生产者共有的价值。

品牌的区分功能：答案的一半

通常情况下，人们把大量的精力和资金都花在设计和改进品牌的区分功能上。这包括独出心裁的标识、专有的包装和与众不同的产品设计。但是销售专家要创造的是优秀的品牌，而不仅仅是高速路或超市货架上一个易于识别的名称。

消费者必须知晓一个品牌的存在，这是他们与之紧密结合的前提。然而，对于表达一个现有品牌的高超价值而言，品牌名称的认知实际上是一种十分低效的方式。它无法衡量品牌关系的强度；在大多数情况下，它甚至无法预示第一次约会的可能性。泛美航空的名字虽然家喻户晓，但是知名度并未使它免于一死。类似的例子还有普利茅斯和名爵牌汽车。虽然奥兹莫比尔的名字仍为人们熟记，但它作为品牌已是明日黄花。安然名气大得很，但你已经知道下文。

让我们把话说明白：如果你是一名销售经理，那你的目标就不是品牌名称的认知度，而是品牌联姻，即消费者与你的品牌之间的真诚而持久的联系。

创造一个与众不同的品牌名称或外形其实不难。真正的挑战在于创造某种独特的品牌体验——某种来源于购买和使用品牌或与之约会的独特感受。品牌关系的基础在于品牌体验，而不是名称或标识。

一些品牌之所以死亡，不是因为它们缺少与众不同的外形，而是因为它们缺少充满激情的消费者关系。它们死亡，是因为它们不再吸引新的追求者，同时听任现有的顾客婚姻不断瓦解。说白了，没几个消费者把它们当回事。

营销界面临的挑战是如何增加把你的品牌当回事的消费者。为了应对这一挑战，你必须透过消费者的眼光来审视品牌的区分功能。

消费者最重要

就品牌的重要因素而言，消费者决定各种替代品牌之间是否存在足够的差异。有的消费者认为百事可乐与可口可乐大不相同，或坐 JetBlue 的飞机旅行就是不一样。其他人则不这么看。

世上有许多像汤姆这样的人。汤姆是美国西海岸一家服务公司的经理，他虽然有一辆汽车，但出差时都租车，每年最多租 20 次。如果你跟他谈车，他会说它们都一样。无论他驾驶自己买了三年的别克，还是租来的 Taurus、戈蓝或 Monte Carlo，感觉毫无不同。

沃尔特则大不相同，他觉得不同牌子的汽车，无论外观、仪表盘还是内饰，都有天壤之别。他声称能感觉到引擎性能和齿轮比例的差别。然而在汤姆看来，这纯粹是吹毛求疵。对他而言，汽车就是从 A 点到 B 点的交通工具，无论“超级碗”大赛的广告还是《人车志》（*Car & Driver*）杂志的热烈追捧都无法让他动心。

是什么造成了汤姆与沃尔特之间的差别？对于一名营销经

理，挑战就在于识别汤姆们与沃尔特们之间的不同，继而帮助企业区别对待地向各类消费者传递信息。

雷同的海洋

我们的研究表明，无论是啤酒、银行、还是商务服务的顾客中，既有大量的汤姆，也有大量的沃尔特。而要发现、关爱和培养一个像沃尔特这样的顾客，需要一些不可或缺的条件。

根据近期的一项调查，几乎四分之一（24%）的美国车主声称，在他们眼中，各种汽车品牌之间没有根本的区别。他们与汤姆的观点相同。然而，将近五分之一（19%）的车主认定，只有一款汽车适合他们：这款车不仅与所有的车不同，而且比它们都棒。

鉴于选择那么多，脱颖而出肯定不易。如果你想买一台中型卧车，就能从 Edmunds. com 网站搜寻到 40 多个型号，按字母排列从 Acura RL 到 Volvo S80，而这仅仅是 2005 年款。如果你想搜寻时下流行的 SUV，就又会找到 40 多个型号。也许你该查阅一下《消费者报告》（*Consumer Report*），因为它并不对每款车都进行路试。但经过一番精减，你可选的中型家用车仍多达 20 款左右。

既然有那么多汽车性能重叠，外形相似，难怪四分之一的美国车主认为现有的品牌和车型大同小异。

汽车如此，其他产品和服务也不例外。无论有多少竞争品牌在奋力厮杀，美国消费者看到的只是雷同的海洋：

- 一半以上（58%）的美国银行顾客认为银行之间没有区别。
- 去年的美国国内航空旅客中，几乎一半（45%）认为航空公司都“一样”。
- 一半以上（54%）的网上购物者声称，所有的营销网站都一样。

这并不是说，消费者不能区分一台大众甲壳虫和一台宝马Z4，而只是说，消费者认为，他们被一大群无论外形还是感觉都雷同的品牌包围了，这部分地是因为许多喧闹的品牌宣传所鼓吹的都是基本相同的承诺。透过消费者的镜片，所谓的汽车外形设计或银行支票账户手续费和ATM布点的不同根本不重要。

如果缺乏有意义的差别，品牌就成为可以互换的大路货，其唯一区别就是谁最便宜或最近。

确立有意义的区分：属性与收益

为了追求有意义的品牌区分，企业和品牌经理必须牢记，品牌属性（attributes）不等于品牌收益（benefits）。这似乎不言而喻，然而许多企业往往将两者混淆。

属性代表一个产品的功能、特征、成分或部件，是能够客观检测的。它们是企业提供的服务或放入产品的配料，例如添加亚锡氟化物的胶状牙膏、光纤连接、或配备皮坐椅、随控四驱和天窗的SUV汽车。

有些特征可能是某个品牌所独有的。例如，唯有百威啤酒是“榉木陈酿”的，而唯有 Castrol GTX 机油含有“独特的极化分子”。其他特征（如皮坐椅）则可能为相互竞争的品牌所共有。无论何种情况，它们所代表的是有形的、便于监测的，并且有时得到法律保护的品牌属性。

然而，这些属性未必代表购买和使用者的收益。与属性不同，“收益”所代表的是消费者看重的那些功能或特征，与产品的整体表现或使用体验直接相关。

消费者关注的是产品收益，而不是企业在广告中刻意宣传的东西。消费者作为品牌购买者和使用者以及潜在的联姻伙伴作出投资，收益就是他们所期待的回报。收益仅仅存在于销售对象的眼中，是消费者基于其需求——客观或主观的，理性或情感的——从品牌体验中带走的东西。

大部分企业生活在品牌属性的世界里，因为它们必须制造产品、设立商店、设计推销产品必需的包装、流程和规章。企业关注的是它们的产品，以及如何制造、包装和交货。

但是消费者并不生活在属性的世界里，他们最关心的是收益。他们要回答的问题是“这东西给我什么好处”？唯有收益才能建立婚姻。

品牌收益与品牌激情

如果你向戴安娜问起她喜欢的那家副食店，她就会告诉你，它给了她什么与众不同的收益。然而，如果你请她评论它的一系列功能，从结账柜台的数目，到即食快餐，到“买一送一”的促销方案，她就会说：

> 我主要喜欢那儿的氛围。许多员工见面都打招呼，可友好了。这对我很重要。

戴安娜没有提及宽阔的停车场、多样的酸奶口味、五种不同的生菜或本周的特价商品。这些特色可能吸引她，但不会使她对这家商店产生激情。戴安娜最看重的是它的氛围，而这代表了商店给她的某种独特而重要的收益——某种只属于她喜爱的商店，而不属于其他商店的东西。

同样，当消费者谈论他们买的产品，而不仅仅是他们购物的商店时，我们也能发现他们对品牌收益的关注。让我们来听听希瑟是如何赞美露得清（Neutrogena）的：

> 露得清对我来说是完美无缺的产品。我有非常严重的皮肤病。说真的，露得清改变了我的生活。我知道这听起来有点傻，但真是这样。它治好了我的皮肤病，增加了我的自信心。我不能没有它。

希瑟并没有提到，露得清是经皮肤病学家测试过的，它的一大特点是无色透明，并且现在有装在气压瓶里卖的。尽管皮肤病学家的认可使她放心，继而为她的选择提供理性支持，但是希瑟关注的是她获得的最终收益：光滑的皮肤和自信的外表。这就是为什么希瑟不能没有露得清的原因。

台面筹码：追求独特的收益

一切听起来是那么简单：为了开始可能通往品牌联姻的约会，企业必须宣传其产品的收益。但是事实没那么简单，因为几乎没有一个品牌能够垄断最被消费者珍视和追求的产品和服务收益。

虽然只有一种摄影胶卷使用标志性的黄色包装，但许多其他品牌都宣称能提供“清晰而逼真的色彩”。虽然只有一种啤酒是“榉木陈酿”，但许多品牌都宣称能提供“真正的啤酒口味”。许多 PC 品牌都炫耀“可靠的性能”。

可见，所有的营销业内人士都面临一个“第 22 条军规”[①]式的窘境：对于消费者没什么价值和意义的属性被消费者欣然联系到单一品牌，而包含真正收益的属性则被竞争对手拷贝。令人啼笑皆非的是，产品最重要的属性往往在不同的品牌间最雷同。

在每个存在品牌和企业竞争的门类，情况都是如此。配有皮座和天窗的汽车比比皆是；而大部分厂商都销售四驱车型。许多豪华车代理商现在都提供免费洗车和为修车顾客准备的备用车。几乎所有的银行都保证顾客等待柜台服务不超过 5 分钟，都提供方便的 ATM 机和免费查询。这些特色中没有一个具有品牌区分功能。

---

① 源自美国作家约瑟夫·海勒（1923—1999）的黑色幽默小说《第 22 条军规》（*Catch* 22），意指左右为难。——译者

可贵的特色和重要的顾客收益变成了我们称作的“台面筹码”：它们所代表的是入场成本，仅仅是为了参加而不是赢得比赛。为了在桌边占据一席，所有的啤酒都必须确保“真正的啤酒口味”，所有的PC都必须确保“可靠的性能”，而所有的酒店都必须确保“清洁舒适的客房”。

消费者不仅期待而且强求这些台面筹码式的收益。但是这些不过是打平的承诺，其所预示的只是打平的品牌体验，而不会形成持久的品牌联姻。

的确有一些优秀的品牌成功地创造了基于收益的品牌区分，而且往往附加上有形的产品特色。它们建立了持久的情感联系，但这是在很长的时间内缓步完成的。

当查尔斯谈论他偏爱的摄影胶卷时，他首先提及一些基本的、台面筹码式的收益，它们虽然很重要，但与其他品牌雷同。但他在谈话结束时，表达了他感受到的独特情感联系。这种情感联系与产品的某种属性不同，是竞争对手难以篡夺的：

> 我用过大量不同品牌的胶卷，有时还用便宜货。但是柯达最可靠，色彩绚丽，相片明快，总能带来难忘的记忆。

其他品牌也会提供“绚丽”的色彩和“明快”的相片，但是对于查尔斯而言，唯有一个品牌能带来“难忘的记忆”。这就是品牌激情的奥秘——与一个品牌建立强固的情感纽带。

第三章

品牌关系：为什么企业应该重视

让我们到任何一家超市去走一圈。在全球的商店里，你会发现，约会的舞场上挤满了各种各样的品牌，争先恐后地吸引消费者的注意，以求实现第一次约会。在美国，一家超市平均销售35000到40000种品牌产品，但其中只有很少几种被匆忙的顾客放进左右晃动的购物车中。难怪有那么多品牌萎缩和死亡。

下图“通往牢固品牌关系的路径”表明，品牌联姻是如何产生的。建立牢固纽带的第一步是初次接触，即有可能通往互惠关系的第一次约会。品牌的求爱过程可能包括多次约会，唯有完成了必需的程序后，才可能建立品牌联姻。

最终的联姻目的地有着独特的声音和感觉。你如果仔细倾听消费者谈论他们作为顾客的体验和感觉，就能体会到其中的奥妙。

通往牢固品牌关系的路径

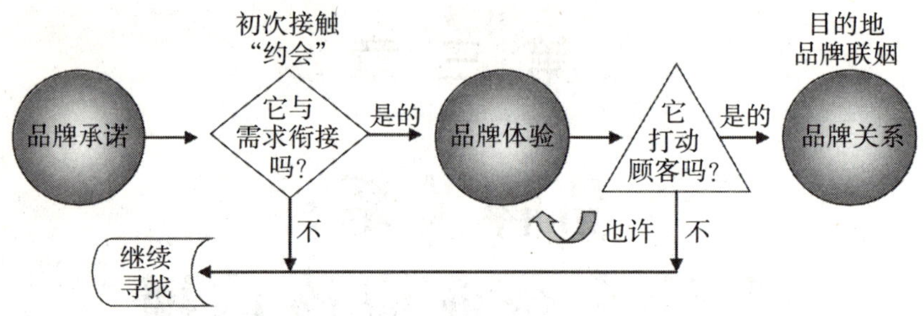

我们访谈过成千上万与品牌幸福联姻并在情感上充分投入的消费者，例如一个名叫帕米拉的顾客，她自豪地表述对卡夫奇妙酱的情感：

> 如果他们停止生产奇妙酱，我就没法活了。我有时会半夜起来做三明治吃。如果没有奇妙酱，我就会要我的老公出去买一瓶。我爱我的俱乐部三明治，更爱我的奇妙酱。

我们还访谈过大量与帕米拉不同的商店顾客。他们更像海伦娜，当我们问及她买的白葡萄酒时，她说：

> 说真的，我并不在乎。我只买最便宜的。说起来够丢人的，但我看不出这些酒有什么区别。我只是掺上酸果汁，味道都是一样的。

但是，消费者对他们购买的品牌有什么议论和感觉真的很重要吗？说到底，难道不是他们的行动更重要吗？

钱很重要：回报

实际上，对于一家重视顾客关系管理的企业来说，顾客感觉如何，以及他们如何获得这样的感觉，是极其重要的。之所以这么说，是因为帕米拉愿意为她偏爱的奇妙酱而不是其他相同的色拉酱多花钱。她要么多花钱，要么干脆不买。

相比之下，海伦娜由于缺乏品牌关系（至少就白葡萄酒而言），做出了与帕米拉完全不同的举动：她不会为任何一个品牌的葡萄酒多花钱。在她看来，商标好看或名称熟悉，甚至品牌获奖都不值得她多花钱。

与海伦娜相比，任何销售经理肯定会喜欢帕米拉式的品牌关系。就在最近，帕米拉买一瓶奇妙酱，比 Vons 副食店自有品牌的色拉酱多花了 1.36 美元，相比卡夫（或 Vons）基于产品配料的价值而制定的通常价格，整整高出 50%。

这只是因为，在帕米拉看来，她买的不是抹在三明治上的一般色拉酱，而是与她做的三明治完美相配的，并且是唯一可以接受的奇妙酱。她觉得它的味道更浓烈，抹起来更容易。帕米拉吃奇妙酱已经多年，深信每一瓶的成分完全相同。因此，她所购买的是放心，是确信她做的俱乐部三明治始终完美无缺。她觉得，这是对 1.36 美元投资的公平回报。

然而，我们必须牢记，世上的消费者并不是两极分化的：一群是“完全钟情”的顾客，与他们接触的每一个品牌都建立充满激情的联系；另一群是完全“脱节”的顾客，对自己厨房里的所有品牌都无动于衷。

我们并不能把帕米拉和海伦娜简单归类。她们的品牌钟情或脱节是根据产品种类而变化的。帕米拉可能钟情于她偏爱的色拉酱，却与她的银行、副食店或手机提供商脱节。

帕米拉十分钟情于奇妙酱，却不在乎她的三明治中夹什么牌子的腌肉。海伦娜虽然对购物车里装什么牌子的白葡萄酒毫不在意，却只坐美洲航空，而且只在 Stew Leonard 副食店买肉——她会自豪而大声地告诉别人为什么。

一家企业如何才能将无动于衷的顾客变得充满激情呢？它如何才能防止最热情的拥戴者——即那些与品牌联姻的顾客，就像帕米拉对奇妙酱一样——发生退化，直至变得麻木不仁，就像海伦娜对白葡萄酒那样呢？要回答这些问题，我们必须深化对目标——即完全投入的品牌联姻——以及增强或削弱这一紧密关系的各种因素的理解。

对品牌关系投资

尽管创造或保护牢固的品牌关系不容易，但值得为之努力。没有一个品牌能与所有的顾客联姻，但是每个品牌都应力争创造更多的姻缘。我们看到一些优秀的企业，其多达 30%、40%、50% 甚至 60% 的顾客都像帕米拉一样；我们也看到另一些企业，几乎没有帕米拉这样的顾客。

假设有 1000 万名帕米拉每年购买四次容量为 1 夸脱的奇妙酱，由此产生的销售额比卡夫和与之联盟的 Vons 副食店销售的一般商标色拉酱整整多 5400 万美元。反之，如果卡夫和 Vons 没有帕米拉们，它们每年就会少收入 5400 万美元。

为了培养更多的帕米拉，企业花费成百上千万美元来建立和支持其所销售的品牌。2004 年，仅美国一国，包括卡夫在内的企业就为品牌广告投资 1660 亿美元。然而，广告仅仅是一家企业全部营销开支的一部分，虽然是很大的一部分。除了广告开支外，企业还在其他方面花大钱，包括消费者促销、零售商奖励、活动赞助、产品延伸、公关攻势、商标更新，以及其他五花八门的品牌营销活动。

这一切加在一起是一大笔钱。仅 2004 年的广告支出一项，企业在美国每个男女老少身上就花了 570 多美元，而且每年会继续花这么多钱，甚至还会增加。

企业本可以把这笔钱花在其他地方。它们可以建更多的工厂，或购买更多的产品配料、商标和瓶子。它们还可以干脆把这笔钱算作利润，分给投资人。但是，它们没这样做，而是把钱花在品牌营销上，尽管我们发现，它们未必做得很精明。企业之所以这样做，是因为它们坚信，它们的品牌代表了重要的投资，将带来持续的红利，不仅仅在未来几个月，而且年复一年。

品牌联姻是企业的资产

企业之所以建立和支持品牌，是因为品牌代表了企业的资产，能够产生效益，而且能买卖。分析人员和投资者在评估一家公司的资产时，会对与品牌名称相关的无形资产给出高价。

一家企业的有形资产的估价与投资者对它的总体估价是不同的，这一差价代表了与企业多年来建设和培育的品牌相关的品牌资产。例如，可口可乐公司的价值远远超出其车队、办公楼、仓库和装瓶厂的价值。2004 年，英特品牌估计，可口可乐的品牌价值超过 670 亿美元。

说到底，无论一家公司的规模还是其年度营业额都无法决定其品牌的价值。根据英特品牌的研究，梅赛德斯的品牌价值超过福特约 50%。同样，香奈儿的品牌比卡夫更值钱，而蒂芙妮的品牌价值甚至超过波音。

2004 年最值钱的全球品牌

《商务周刊》（Businessweek）/ 英特品牌（Interbrand）对全球顶尖品牌的排名

排名	品牌	品牌价值（百万美元）
1	可口可乐	67394
2	微软	61372
3	IBM	53791
4	GE	44111
5	英特尔	33499
6	迪斯尼	27113
7	麦当劳	25001
8	诺基亚	24041
9	丰田	22673
10	万宝路	22128
11	梅赛德斯	21331
12	惠普	20978
13	花旗银行	19971
14	运通	17683
15	吉列	16723
16	西科	15948

续表

排名	品牌	品牌价值（百万美元）
17	宝马	15886
18	本田	14874
19	福特	14475
20	索尼	12759
21	三星	12553
22	百事	12066
23	雀巢	11892
24	百威	11846
25	戴尔	11500

鉴于此，企业视品牌投资为明智之举，就不难理解了。这样的品牌投资会带来巨额回报——可能是帕米拉们一次多花1.36美元；也可能是分析师和投资人确信帕米拉这样的顾客将继续花钱支持其所爱品牌，继而一举支付成百上千万美元。

因此，品牌是值得企业投资的。然而，除非消费者获得他们的投资回报，企业的这些投资是不会给它们回报的。

第四章

品牌接触：与消费者衔接

为保持健康发展，企业必须既吸引新顾客，又保持和发展与现有顾客的关系。老顾客会逐渐消亡或随着生命周期的变化而不再需要某个产品或品牌。鉴于此，每个品牌都必须不断寻找第一次约会，吸引新的信徒。

这些试探性的初次约会必须发展成第二、第三次约会，并且，如果一切顺利，直到建立健康的品牌联姻。衡量优秀品牌的标准在于有多少牢固的品牌联姻，而不是有多少人知道它或有谁受到吸引，参加了一次约会。

消费者并不是从一开始就成为完全钟情和忠诚的顾客的。帕米拉并不是天生钟爱奇妙酱；马蒂也不是天生喜欢星巴克；而汤姆并不是天生就对所有的汽车品牌无动于衷。无论是否建立关系，一切都是后天的结果。

每个品牌关系都是从第一次交易开始的，它代表了顾客与品牌的第一次个人体验。然而，这一初始的体验本身就是一种结果，因为它通常发源于消费者在购买前与品牌的一系列接触。

这些求爱的接触往往既简短又随意。它们包括在市场上（例如货架上、路上、购物中心里或写字楼内）看到可能与之约会的品牌，和读到或听说品牌（通过电视广告、网站、商品简介，以及文章和评论）。此外，消费者还可能与各类品牌代表接触，如企业员工或销售代表。

值得注意的是，消费者在购买前还会接触品牌现在或过去的购买者或使用者，他们可能与品牌实现了幸福的联姻，也可能满怀怨气地离了婚。这样的接触在很大程度上决定哪些品牌被选中，哪些遭冷遇。

有的时候，这些初期的品牌接触似乎都在传递一个清晰的品牌信息，例如哈利戴维斯摩托咄咄逼人的男子汉气概或蒂凡尼令人着迷的优雅和高贵。但是很多情况下，这些接触传递的是含混不清、甚至自相矛盾的信息，根本无法燃起约会的激情。

管理这些购买前的品牌接触是一项艰巨的任务。不要忘记，一家企业仅能控制部分通过接触而传递的品牌信息，例如广告宣传、包装设计、商店布置和新闻发布。但是，它无法左右其他顾客的口碑、“60 分钟”节目中播放的故事或网上的议论；也无法左右竞争对手的行动和举措。

由于认识到品牌相关信息的多样性，并且传统的广告攻势与网站和博客相比已经变得苍白无力，企业都在积极探索与消费者接触的新方式，包括在电影中插播产品广告和让消费者玩游戏并对企业信息进行主动挑选的互动网站。

无论这些初期的接触在宣传产品时是否前后一致，每次接触都传递了消费者对产品能否奏效的预期。

开始阶段：克服障碍，实现衔接

通往持久品牌关系的道路是从品牌承诺开始的。然而，品牌承诺的传递和认知仅仅是迈出了第一步，因为有许多品牌消费者虽然知道，却不会买。

还有一个更为重要的前提是：品牌承诺与消费者的愿望衔接吗？潜在顾客必须相信，品牌所承诺的体验不仅与众不同和值得追求，而且与他们的个人愿望直接衔接。潜在顾客必须能欣然想象自己成为品牌的使用者和顾客，而且他们应该感觉到这一切对于他们的个人意义。

除非一家企业的品牌承诺在潜在顾客与品牌之间建立某种情感联系，则顾客对其后任何促销活动的体验——如免费试用或优惠券——都无法建立持久的关系。优惠券和折扣可能把人引入第一次约会，但仅此是不足以实现持久联姻的。优惠券说穿了是一种贿赂；它们建立的关系只能持续到下一个贿赂。当企业停止打折时，例如，汽车制造商停止无息购车贷款，顾客关系也就随之消失了。

然而，即便品牌承诺实现了衔接，通往品牌联姻的道路上仍然存在各种障碍。

在一些情况下，建立新的品牌关系是比较困难的；如果顾客难以或无法改换品牌，尤其如此。例如，如果消费者与他们现在使用的品牌或供应商之间有契约关系，那么，更换就十分困难。在这种情况下，企业可以利用奖励和促销来帮助顾客克服更换可能发生的成本和遇到的困难，继而与潜在顾客实现牢固的联姻。

如果能够克服更换的困难，那么与消费者实现衔接的品牌承诺就能促成第一次约会。到了这一步，直接的体验就变得格外重要。第二次约会取决于第一次的结果。

但是，一切都从品牌承诺开始。

有潜能的承诺

品牌承诺都是各不相同的，它们不一定都能够点燃热烈的关系。即便是具有这一潜能的承诺在内容上也是千差万别的。然而，如果目标是第一次约会，继而创造品牌关系的基础，那么，一个可靠的品牌承诺应该使消费者对于以下的问题都作出肯定的回答：

- 它可信吗？（credible）
- 它有冲击力吗？（compelling）
- 它与潜在客户的愿望衔接吗？（connect）

下图“把潜在顾客变成现实顾客”展示了品牌关系路径的第一部分，即从购买前的初次品牌接触到第一次约会的过程。它指出了必须克服一系列的障碍，才能启动初期的尝试关系，鼓励消费者检验品牌的潜能，以求建立深刻而持久的关系。

把潜在顾客变成现实顾客

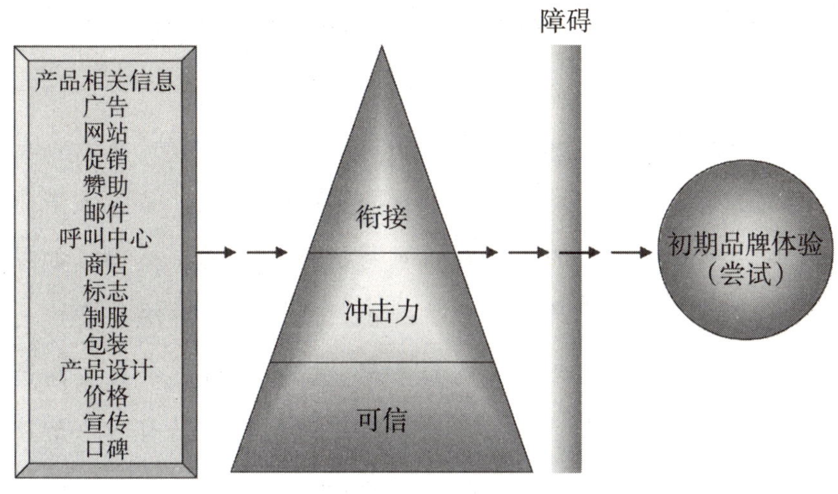

与顾客衔接的承诺

为了吸引新的顾客，企业必须构想有足够威力的品牌承诺，而这不是一件容易的事。这里没有灵丹妙药，也没有单身俱乐部里交友常用的绝招。第一次约会能否发生，全由消费者说了算。

如果我们的目标是品牌联姻，那我们就必须放弃求爱过程中那些只能吸引第一次约会却无法建立持久关系的空洞承诺。无法兑现或无法长期保持的承诺最终是无效的。诸如“药到病除”、“免费”、“20 分钟减肥 20 磅”或“让台球长毛”之类的大话就像“嘿，大兵，在城里多住几天吗”的调情一样，是不可能发展成联姻的。

然而，如果时机掌握得好，有一些承诺是能与潜在顾客实现情感衔接的，其所建立的关系基础，超出了“一夜情”的范围。但是，要充分实现其潜能，这些品牌承诺还必须在传递过程中保持可信性，并确保强有力的后台支持。它们包括：

- **发现和解决问题**。在与消费者衔接上用得最久、也是最滥的方法就是发现和解决问题。在此，品牌承诺为消费者关心的问题提供独特的解决方案。然而，如果企业关注的是无关紧要的小问题，或其解决方案缺乏可信性，这种做法就会失败。这方面的一个典型例子就是所谓的“生活切片”的广告，其中必有一个千篇一律的家庭主妇在告诉邻居们，只要使用最新的洗衣粉，就能神奇地改善夫妻关系，继而重获生活下去的信心。

  然而，如果发现的问题是真实的，并且牵涉到消费者的个人利益，同时企业提供的解决方案是清晰和直接的，那么，这一方法就有望即刻与潜在顾客建立衔接。这是因为，如果企业在使用发现和解决问题的方法时确保诚信并落到实处，它就会引起消费者的共鸣：“嘿——这不是我吗？”继而为强固的个人衔接打下基础。

  汉堡王（Burger King）快餐店曾经用过这一方法，告诉顾客，他们无须购买千篇一律的汉堡包，而可以根据自己的口味在汉堡王定制。OnStar车辆导航系统公司生动地说明，使用它的服务收益多多，无论是无意中被锁在车外，还是车辆被盗，都能妥善解决。联邦快递刻意渲染由于投递拖延而造成的问题，继而作出郑重承诺：邮包将“百分之百地”准时送达目的地。

- **安抚**。如果某个品牌的表现极不稳定，致使消费者认为受到伤害，品牌就能通过对潜在顾客进行全面而有效的安抚，来重新点燃激情。这样做往往能产生强大的冲击力。

一项为一家电信服务公司进行的研究表明，该公司所有的品牌承诺中，没有一个能吸引潜在顾客进入第一次约会，尽管该公司的许多产品功能明显优于竞争对手。对于其众多的技术领先产品，无出其右的国际能力，以及令人称羡的技术资源和专长，潜在顾客并不在意。他们甚至对公司的低价无动于衷。

然而，使潜在顾客动心的是公司对零出错的担保。原因很简单：在该公司推介服务的国家里，顾客们时常受到服务中断、通信中止和信号质量低下的严重困扰。他们感兴趣的不是低价，而是高质。而在这一案例中，“高质”意味着放心和可靠，而不是顶级技术的魔法。

一如发现和解决问题的方法，对产品表现的担保必须可信，才能打动消费者。正因为如此，如果这样的担保是通过客观的第三方，如《消费者报告》杂志，或朋友或评论家的证词来传达，其对消费者的影响就最深刻。联邦快递成功地传递了让消费者放心的承诺，其内容既深刻，又独特，与市场上司空见惯的言行不一和投递拖延形成了强烈对照。

品牌衔接的另一种方法是给消费者提供某种“徽章”或外部标志，继而向外界展示购买或使用者的某些特点。为此，企业有数种做法，其效果各不相同：

- **荣耀**。品牌徽章的一个功能是显示地位，表明消费者是有别于普通百姓的特殊人物。许多品牌，如万宝龙金笔、路易威登钱夹、捷豹汽车和劳力士手表，都致力于炫耀地位。然而，在消费者眼中，未必是品牌越贵越体面。我们发现，一些豪华汽车虽然价格相似，但消费者拥有它们而产生的自豪感却大相径庭。我们还看到，就顾客的自豪感而言，一些高档零售店远不如低价的竞争对手。价格不等于荣耀。
- **个人气质**。另一些徽章致力于传递品牌购买者或拥有者的个人气质。这些个人特点范围极广，见于许多类别的产品和服务。百事可乐“年轻活泼”的徽章被用来描述“思想年轻化”的一代人。美林的“牛势”广告意在吸引自视“精明”的个体投资者。耐克给它的运动鞋顾客戴上“志在必得”和“永不言败”的徽章。

  无论它们的关注点是荣耀还是其他的个人气质，徽章传递的信息往往是各不相同的。但是，要实现衔接，它们所追求的个人气质必须为社会所高度推崇，并且其品牌关联必须可信。
- **会员制**。一个品牌甚至能代表一张会员卡，传递与同一品牌约会或联姻的顾客所共有的特性。许多哈雷戴维森车主、Linux 软件用户、保时捷车主、曼联队球迷和 JetBlue 航空的旅客都有这样的感觉。消费者受到品牌潜在的兄弟情谊的吸引，就可能与它第一次约会。

- **激发回忆**。品牌还有一个功能，就是通过与某个特殊时刻或往事的紧密连接，来激发消费者的回忆。例如，对于埃莉诺，她橱柜里的莫顿牌食盐使她回忆起当年的家人聚餐、温馨的厨房和桌边的交谈。

  莎莉的谈话也揭示了这一重要的品牌功能：

  > 我小时候，我们家一直用 Ragú 牌意粉酱。大学毕业后，我开始自己开伙。每过一段时间，我就会想吃一顿温馨的饭，这时，我就煮一锅 Ragú 意粉，感觉好极了。

  在这样的情况下，第一次约会实际上是由父母或朋友安排的，他们可能早已谢世，但关于他们的美好回忆仍在。并不是所有的品牌都能成功地唤起这样的回忆或相关的情感的；也不是所有的消费者都珍视父母或祖母所做的事情。然而，对于能做到这一点的品牌来说，回忆能强烈吸引消费者，继而促成第一次约会。

- **自我实现**。最后，品牌还成为消费者实现自我的手段，为消费者提供丰富的情感价值，继而从现在的自我向理想的自我跨越。万宝路顺应烟民的愿望，要他们成为无所畏惧和独行天下的牛仔，而不是缩着脖子、冒着严寒和风雨到办公楼外过烟瘾的可怜虫。

  关于自我实现的承诺往往能增强消费者的自我价值，就像一则欧莱雅的广告所说：“我当之无愧。”在这种情况下，第一次约会发生的前提条件是激发某种情感，使消费者认为品牌所代表的价值与他们完全吻合。在此，品牌承诺所关注的不是客观的存在，而是消费者的理想。

品牌关系的这一方面与道格拉斯·霍尔特（Douglas Holt）所谓的“身份品牌”（identity brands）颇为相似。这些品牌与上述徽章式的品牌截然不同。自我实现的品牌所反映的不仅仅是地位或荣耀，更是某种消费者朝思暮想和孜孜以求的身份。这些品牌信息既是针对顾客自身的内在的个人声明，又是针对其朋友和邻居们的外部信号。

落空的承诺和丧失的机会

不少品牌承诺所传递的是“还有我”的信息，却不能点燃消费者的激情。甚至千篇一律的台面筹码式的承诺也常常落空。消费者在商家的吸引和贿赂下，进入第一次约会——一次光顾，一笔单独的交易，或某种短暂的关系。但是，如果商家漫不经心或言行不一，消费者就会立即或最终断交。然而，这一切未必是命中注定的。

第五章

建立持久的关系

请你回想一下你最近住过的酒店。它可能通过广告、促销、小册子、网站、预订中心或上述各项的综合渠道向你作出品牌承诺。而你在旅游杂志中读到的文章或评论都增加了你对这一承诺的信心。

然而，品牌承诺能否信守，取决于你与酒店的广泛接触，包括你对酒店外观、前台效率以及客房卫生和布置的印象；还可能包括送餐的色拉口味、商务中心的电脑速度，甚至泳池是否提供浴巾，等等。

信守品牌承诺涉及酒店的方方面面，有的管理层能直接控制，包括地点、客房面积和价格；有的能间接控制，例如酒店员工是否友好和高效；有的无法控制，例如意外拉响火警，或邻屋的住客半夜两点扯着嗓子唱起走调的咏叹调。

现在，请你把你的单日酒店体验与平均住店日期相乘，然后再乘上 499 个分店，而这还不是希尔顿酒店这样的公司所面临的所有挑战。每个希尔顿分店都有无数的机会，要么信守其品牌承诺，要么使它落空。每间客房、每个餐厅、每名清洁工、接线员或修理工都有份。无论何时何地，每个触点都必须用相同的高质量专业服务来落实品牌承诺。为了防止品牌承诺沦为毫无意义的空话，企业在每个顾客触点上的表现必须始终如一。

衔接和脱节

大部分初期的品牌接触都不能发展成约会，大部分约会都不能发展成联姻，而大部分联姻都不能持久。离婚在品牌世界中甚至比赌城雷诺都频繁。

几十年来，副食店提供的新商品中，多达 80% 无法维持一个季度。一些研究宣称，当前的新产品失败率高达令人咂舌的 94%。然而，它们都是孜孜不倦的专家团队精心开发的，大部分都经过测试，并从目标消费者身上搜集了大量数据。这些产品投入市场时，使用了引人注目的品牌名字、与众不同的商标和漂亮的包装。它们被放置在显眼的货架上，尽管现在许多副食店对此都额外收费。并且，它们还在电视等媒体上大做广告，同时根据大牌设计师和战略顾问的指导，配上大规模的促销活动。

可是它们还是失败了。

它们之所以不断失败，是因为它们的方向错了。它们关注的焦点不是建立品牌关系，而是向消费者推出一个品牌名字，创造对其广告的认知，设计漂亮的包装和吸引人的承诺。它们专注于创造必需的条件，来促成第一次约会，而不是把约会升级为持久的联姻。它们创造的是独特的品牌名字和雷同的品牌体验。简言之，它们无法与消费者的愿望衔接。

这是一个各行各业都普遍存在的问题。一度称雄汽车界的普利茅斯牌和奥兹莫比尔牌轿车已是明日黄花；它们步 Studebaker、Edsel、Packard 和 DeSoto 的后尘，走向衰亡。航空公司在合并，百货公司在合并，银行和股票公司不是并购别人，就是被别人并购，昨日的名牌今日却不见踪影，网站和网上营销商一夜之间从豪华写字楼坠入破产法庭。

“我是最棒的”

让我们回到开始。如果品牌从根本上讲是企业作出的承诺，那么，这一承诺必须是有意义的，而且必须既向企业内部的“承诺履行者”，又向外部的顾客和潜在顾客传达并与之分享。

一项品牌承诺必须达到三条要求：它必须可信，有冲击力，并与消费者的个人愿望实现衔接。对于这三条中的每一项，我们都有必要多说几句，因为品牌承诺是所有持久的品牌关系的基础。

首先，承诺不仅必须被潜在顾客和尝试者听到，而且被他们相信。承诺必须可信。

然而，这并不是说消费者必须立即和毫无保留地接受每个承诺。事实上，有潜力的承诺很可能一开始遭到怀疑（“他们真能做到吗?”)。正如几十年前李奥贝纳广告公司的研究人员所指出的，引起好奇（想更多了解）和遭到彻底的怀疑（断然拒绝企业发出的信息）是截然不同的。如果承诺引起消费者好奇，他们就会进一步深挖和搜寻，并尝试使他们感兴趣的建议。对品牌承诺的好奇有可能促成一次约会，而拒绝则毫无可能。

克服第一个信度障碍看似容易，其实不然。一些营销顾问声称，作为传达品牌承诺的传统工具，大众媒体广告已成为强弩之末。还有人则宣布广告已经死亡，或是因为它偏离了中心使命（销售，而不是娱乐），或是因为虚假广告横行多年，致使消费者对最有创意的广告都无动于衷。这些权威认定，现在建设品牌全靠口碑，因为消费者只相信这样的信息渠道。

相信我……

我们对从汽车到速冻晚餐的各种产品进行了广泛研究，发现大量消费者对许多大品牌的承诺心存疑虑，尽管作出这类承诺的公司往往由于其规模、历史和市场地位而备受尊敬。

盖洛普研发和测试了一组相互连接的评价标准，如果综合使用，就能准确预测潜在顾客在第一次约会时对一个品牌的信任度。要使消费者确信一个品牌会信守承诺，仅仅承诺的来源可信是不够的；还需要向消费者说明这些承诺究竟是什么。

以下是测量“可信度”的四个标准：

- （品牌）是我始终信任的名字

- （品牌）始终信守承诺
- （品牌）是一个备受尊敬的名字
- 我知道（品牌）的核心价值和独特之处

我们只要对汽车购买者略作了解，就会知道汽车厂商为了克服一名潜在顾客的怀疑、甚至不屑是多么艰难。只有大约三分之一的潜在汽车购买者认为，大牌汽车厂商的承诺总是可信的。认为大品牌总是信守承诺的人甚至更少，尽管大部分人认为主要的国内外厂商都是备受尊重的品牌。

我们的研究表明，大约三分之二的潜在汽车购买者听到一家汽车厂商的品牌宣传时是严重怀疑的。他们不知道品牌能否信守其公开发布的承诺。对于第一次约会，这一平台实在很脆弱。

快餐供应商面临的局面完全一样，尽管买一块难吃的汉堡包远不如买一辆糟糕的 Yugo 汽车让人烦心。只有大约十分之四的快餐消费者声称，他们相信主流快餐连锁店的花言巧语，并且，尽管大约半数认为全国连锁店是备受尊敬的品牌名字，认为它们始终信守承诺的人却少得多。相比之下，非顾客或初次约会的潜在顾客通常怀疑快餐品牌能否信守并实现承诺。尽管商家为说服消费者花费无数，障碍依然未除。

在上述每个行业中，无论商家如何大声、频繁和别出心裁地传递品牌信息，大部分的潜在顾客根本不相信品牌会信守承诺，尽管品牌广为人知，而且企业的商业成功备受推崇。如果人们只是听到品牌建议却不信任它，第一次约会就无从谈起。

含混不清的承诺

消费者之所以常常不相信企业做出的品牌承诺，有一条重要原因：他们根本不知道这些承诺是什么，而问题往往出在企业，因为相当多的企业没有（也许没有能力）说明其与众不同的承诺是什么。“买我的”算不上品牌承诺，“到我这儿买”、“住我这”或“用我的银行”也不算。也许这是愿望或目标，但肯定不是承诺。

对不同产品和服务的研究表明，尽管消费者可能看见或听到某个品牌的广告，但他们往往无法识别其独特之处。无论我们研究的是什么门类，我们经常发现，只有不到一半的潜在顾客觉得，他们了解品牌的意义及其与其他品牌的不同。因此，大部分人觉得自己无法接受或信任品牌承诺。

对许多品牌来说，早在它们吸引消费者进行第一次约会之前，信度的障碍就把它们绊倒了。然而，对于希望吸引新顾客的品牌，还有两个障碍必须克服。

往上走：有说服力的承诺

即便一项品牌承诺有足够的可信度，它仍面临第二个重要挑战：它必须有冲击力。消费者必须觉得，品牌能给他们的个人投资带来回报。有的承诺虽然可信，但微不足道。“我们一定送到”虽然是可信的承诺，但远不如“百分之百地保证隔日送到”有冲击力。同样，“我们努力”与“我们落实”不可同日而语。

盖洛普通过对品牌潜在顾客的研究，发现了四个相互联系的指标，能综合测量一项品牌承诺有多大的冲击力或说服力。这些评价指标反映了消费者对品牌承诺的独特之处的认识，其对其他顾客的吸引力，以及它的市场定位。这四项指标是：

- （品牌）建立了所有其他品牌都必须遵循的标准
- （品牌）与所有其他（产品/服务）都大不相同
- 我无法想象世界上没有（品牌）
- （所有者/购买者/购物者/顾客）都对（品牌）赞不绝口

这四项评价指标的综合结果揭示了潜在购买者和使用者在多大程度上认为，一个品牌不仅作出而且落实承诺，始终如一地保持优秀，继而创造持久的品牌关系。

要达到品牌承诺的可信度已经不易，但确保承诺有强大的冲击力更加困难。例如，在汽车界，我们发现，只有不到三分之一的潜在顾客认为，厂商的承诺是真诚的；而其中不到半数认为，这些承诺有足够的说服力。换言之，只有不到六分之一的潜在顾客认为，任何一个主要的汽车品牌在某个方面与其竞争品牌有足够的不同。大部分潜在顾客（80%以上）则不相信，重要汽车品牌中有哪个品牌能脱颖而出。有没有一家汽车公司能使潜在顾客确信，它们生产的汽车是独一无二的？只有14%—19%的人这么看。

以上并不是一个汽车品牌所面临的问题，而是普遍现象。每个汽车厂商都面临着一群心存疑虑的消费者，对于向他们发出的任何信息都无动于衷。如果品牌的一个关键功能是在消费者心目中培养独特形象，那么总体结论就是，任务没有完成。

我们在汽车购买者身上看到的情况同样适用于我们研究过的所有其他产品和服务。营销人员所面临的问题不仅是消费者固有的怀疑态度，而且由于他们未能克服可信度的障碍，品牌企图传达的区分性信息未能被消费者接受和理解。无论营销人员在设计和实施品牌宣传上花多少钱，也无论他们采用什么样的混合媒体，大批的潜在顾客对企业的品牌信息不是置之不理，就是断然拒绝。

与个人衔接

最后的考验更是难上加难。为了建立有意义的初步关系，品牌承诺不仅必须可信和有冲击力，而且必须与消费者的个人愿望衔接。

与个人衔接使得潜在顾客能欣然把自己看成品牌顾客——不是一次性的购买者，而是固定的使用者。为了建立这样的衔接，企业不仅要满足消费者的理性需求，例如对赶时间的消费者承诺快捷服务或对关注自身血脂水平的顾客提供低脂食品。消费者是有其情感需求的，而满足它们与满足其理性需求同样重要，甚至更重要。

我们的研究发现两个相互联系的指标，揭示了潜在顾客在多大程度上认为品牌承诺与他们的愿望相关联，继而与品牌建立个人的联系。以下是这两个评价指标：

- （品牌）对于我这样的人是完美的（产品/服务）
- 我能欣然想象自己成为（品牌）的（拥有者/购物者/购买者/顾客）

大量的品牌承诺之所以被消费者忽视，是因为它们缺乏可信度。此外，它们未能说服消费者作出改变，促使他们将品牌视为非同一般的产品。

然而，除了这些缺点外，我们还发现大部分品牌未能使消费者感到它们与消费者的个人愿望衔接："这就是我！"而如果消费者无法将自己看成使用者——和自豪的，甚至兴高采烈的顾客——建立品牌关系的前景就不看好。

可信、有冲击力并与消费者的个人愿望衔接的品牌承诺将吸引消费者参加第一次约会。不仅如此，它们将促成一种特殊的第一次约会，有望发展成持续的品牌关系。

然而，唯有"充满激情的承诺"在其后的每次接触得以信守，这样的初期约会才有望绽放，发展成牢固的品牌联姻。

营销人员可能会问：既然这么难，何必费心呢？看起来，有太多的企业得出了这样的结论。一些企业不去努力说服心存疑虑的消费者，它们的品牌承诺真诚而独特，而情愿对潜在顾客行贿。说到底，赠送产品也能促成第一次约会，不是吗？折扣、优惠券、免费试用、返款和无息贷款都被试过，而且屡见不鲜。这是因为此举至少在短期内能增加销售量。然而，纯靠品牌行贿而推动的反复购买与品牌关系毕竟不是一回事。

第六章

五个P：品牌建设的工具

我们知道，戴尔绕开中间的分销商和零售商，对顾客直销电脑。显然，他们此举颇为成功，年销售额高达400亿美元，占全球电脑市场的17%。

但是，是什么促使戴尔的顾客成为回头客呢？不是它建立的个性化制造体系，或网上订购的快速，甚至也不是消除了零售商的中间加价后而节省的成本。所有这些因素固然都有贡献，但是使戴尔的顾客成为回头客的不是硬件、软件、系统，甚至价格，而是戴尔的人。

我们曾与梅根交谈，听她讲述与戴尔的关系：

> 我先生是个电脑迷，总在换电脑上的东西。我老说，“他又干了啥？”于是我给戴尔打电话，说，“瞧，我先生出差了，我无法打开电脑，该怎么办？”

> 我每次打电话，他们都热情相助。特别是有一个人，他因为老接我的电话，连我的名字都记住了，说来够吓人的。他会说，“哟，是梅根吗？你好吗？出了什么问题？你先生干了什么？”他现在认识我先生了。要没有他们，我真不知怎么过。

对于梅根，戴尔的员工将一个面目不明的零售商变成了她生活中不可或缺的一部分。

我们还曾与另一位戴尔的顾客吉姆交谈，他对这家公司的看法完全不同：

> 一切都那么费劲。我发现，有人多收了我的手续费，可是没人回答我的问题。我是一名忠诚的戴尔顾客，先后买过他们三台电脑。我恼火极了，但是他们甚至不许我在电话上撤销我的赊购账户。有个女人告诉我，她无法退款，也无法撤销我的账户。我必须重打电话，跟一名经理说。我下决心再也不会买戴尔的产品了。

戴尔的产品、价格和交货系统对于梅根和吉姆都是完全相同的，然而人的部分却截然不同。结果，戴尔与两个人的品牌关系大相径庭：一个是联姻；另一个则是离婚。

把四个 P 加到五个 P

为了建立优秀的品牌，企业通常依赖一套经过实践检验的营销工具。然而，许多企业似乎忽视了它们的营销工具箱中最重要的增进客户关系的工具。

品牌营销工具箱中的传统工具不仅为人们所熟知，而且经过长期的深入研究和探讨。半个世纪以来，它们在 MBA 课程中被称为“四个 P”，即：产品（product）、渠道（place）、促销（promotion）和价格（price）。

- 产品是企业企图向消费者推销的东西，如酒店住宿、购房贷款、微处理器或一盒洗衣粉。产品包括产品名称和设计，以及产品功能、包装和各项可能的保修条款。
- 渠道就是企业将产品递交消费者所使用的方式、方法和渠道，例如展示产品的商店货架、送货的卡车、快餐公司各分店的位置、零售银行的内外部装饰和新近流行的企业网站。
- 促销包括花样繁多的宣传活动，旨在吸引消费者对企业产品的注意力并传递相关信息。促销的手段包括大众传媒广告、直邮信件、赞助、公关活动、电话推销、网上弹出式广告和数不胜数的其他促销活动。
- 价格代表的是消费者为了获得企业提供的产品和服务必须支付的金额，以及支付的方式。

以上四个P是企业的营销工具，用来建立优秀品牌，例如象牙牌香皂、柯达胶卷和可口可乐。它们的使用历史长达几十年，过去有效，将来会继续有效。然而，世界变了。这一变化不仅来自能迅即传递信息的互联网，而且反映了服务业在当今市场上的发展壮大。企业不仅仅制造产品，而且越来越多地提供服务。

而服务业需要关键的“第五个P”，其作用远大于其他四个P。这第五个P是人。代表品牌的人可能与消费者直接接触；也可能通过电话传递声音，或在回答消费者查询的E-mail上签名。他们接受消费者的订单、处理问题、满足需求、办理退房，或迎接前来购物的顾客。他们的一言一行都代表了品牌，并且，在许多消费者眼中，他们就是品牌。

品牌建设与第五个P

一旦第一次约会发生，消费者就必须做出一个重要的个人决定：留下，还是离开？消费者被要求重新考虑或更新他们的关系。每一天，他们都听到相互竞争的各种品牌向他们发出的求爱信息，要他们终止现有关系而开始新的关系。

鉴于此，一家企业如何行动，来确保持续的品牌联姻呢？

我们可以从休的谈话中获得启示，她讲述了从一家当地零售商购买家具的不快经历。休并未指责家具的颜色、面料的质量或靠垫的舒适度。相反，她谈论的是那些被要求来落实商店承诺、却把事情做砸的人：

> 我们买了家具，客客气气地付了现金。接着他们送了货。可他们在过门的时候把家具划伤了，非但不认错，反而告诉我们送货工不是家具公司的人。结果，我们不得不一次又一次地打电话，与他们交涉。最后，我实在气不过，就告诉他们把家具抬走。他们却说，我们要等好几个星期才能收到退款，而且重新订货没那么容易。

在很大程度上，能否建立品牌关系取决于员工的日常活动和反应，因为他们在消费者面前是企业的品牌大使，负责落实品牌承诺。

人的威力

我们在进行一项消费者综合研究中，访谈了各类产品和服务的消费者和使用者，包括快餐、航空公司、长途电话服务和汽车。这些行业都涉及一定的服务，通常顾客都与代表品牌的员工进行某种接触。每个行业都有若干名牌企业，它们向大批的消费者奋力推销其产品和服务，相互竞争激烈。鉴于此，它们给了我们一个机会，使我们得以在实践中观察复杂的营销工具组合中的各个部件是如何运作的。

我们在调查这些不同的门类时，向消费者了解他们购买什么品牌，与什么品牌的企业做生意，或最常用哪些品牌。我们还了解他们的购买意向和计划，以及他们所用品牌的广告、产品质量、买得值不值、位置是否便利，等等。但是，我们研究人员超出了传统的四个 P 营销组合，还问及第五个 P，即他们在购买或使用品牌产品或服务时为他们服务的人员。

成功的秘密：超越台面筹码

对于任何品牌，都没有确保成功的唯一路径。如果品牌联姻仅靠一种营销手段——无论这是产品、渠道、价格、促销还是人员——那它就像一条腿的板凳一样摇摇欲坠。

这部分地是因为，竞争者能毫不费劲地拷贝品牌的任何产品属性、促销手段或分销方式。他们还能调整价格、模仿产品设计和复制产品功能。如此，传统的四个 P 的品牌特征就会迅速沦为台面筹码。

但是我们必须牢记，消费者与品牌接触时，并不是一次只见到一个 P。任何一个品牌都包含所有这五个因素。一名新泽西州的“老海军”常年顾客这样说：

> 老海军对于我是完美的品牌。每次我去那里购物，总是心情愉快。我喜欢店里的背景音乐。店员们都十分友好，热情地帮你取衣和试穿。他们卖的衣服可好了，又实用，又便宜，而且他们在门口又加了一个柜台，专卖更时尚和更正式的服装。

一如许多顾客，这名顾客与“老海军”的关系是所有五个 P 而不仅仅是其中一个 P 的结果。盖洛普的研究人员在他们对第五个 P 的调查中发现：

1. 仅有良好的渠道是不足以确保一家企业持久的顾客关系的。如果一家商店位置便利，装潢漂亮，清洁明亮，固然在营销上占据一大优势，但仅此是不够的。
2. 尽管数不胜数的商品都进行降价促销，但仅靠廉价是远不足以建立持久的顾客关系的。价格便宜固然诱人，但如果产品或服务低劣，就无法建立顾客关系。
3. 尽管一些营销人员信誓旦旦地夸耀其产品是多么高明，但高明的产品也是不够的。它们固然是好东西，但也孤掌难鸣。
4. 无论为广告、赞助和大张旗鼓的促销活动花多少钱，高明的促销也不足以确保持久的顾客关系。如今，独具匠心的广告屡见不鲜，但如果产品和人员不能实现广告的承诺，再高明的广告攻势也无法确保持久的关系。
5. 如果商品质量低劣或价格过高，甚至优秀的员工也无法创造持久的顾客关系。

有人能帮帮丹尼斯吗？

星期六上午，丹尼斯来到当地一家体育用品商店，想买一张他在广告上看到的乒乓球桌。它与他的理想选择不谋而合，而且价格便宜。他觉得此行肯定手到擒来，使他有足够时间准备当晚的烧烤招待客人。可是遗憾的是，店里的员工都围着经理，听他声情并茂地讲述如何加强客户服务，却没人搭理他。

丹尼斯等别人注意他。他在店里转了一圈，寻找帮助。他不是唯一需要帮助的人，还有其他几位顾客与他处境相同。丹尼斯发现了一名员工，正在给网球拍穿线。他向此人求助，却被告知，他应该去找铺面的售货员。丹尼斯回到聚在一起的售货员边上，说："对不起，我本不想打断你们……"

经理回答："你得等一等，我们正在开会。过一会儿就有人帮你了。"但是，漫长的十分钟后，还是没有人来。就在经理教导员工的时候，顾客却被丢在一旁。

丹尼斯愤然离去。他没买乒乓球桌，而且再也没回来。不仅如此，他还在当晚的烧烤聚餐时把这段故事讲给邻居们听，以便解释为什么他没把乒乓球桌买回来，因而无法炫耀他凶狠的反拍进攻。丹尼斯星期一上班时又提起这事，甚至用 E－mail 告诉外地的几个朋友。

这家商店和它的经理完全浪费了一个与丹尼斯建立关系的绝好机会。这实在不应该，因为他们为争取丹尼斯这样的顾客进行了周密的决策和部署。他们商店的位置十分便利，距丹尼斯家仅几分钟车程；店中销售他想要的产品，价格低廉，并大做广告。然而，在这里，四个 P 是不够的，因为商店在第五个 P 上的表现糟糕透顶。

问题不在汽车，而在经销商

我们最近研究汽车购买者时发现了几个重要的因素，它们会影响再购买和持久的品牌关系。例如，在一次对福特车主的调查中，我们发现，认为福特汽车“非常”可靠的车主第二次购车时更愿意再买一辆福特，其偏好超过一般人近三倍（2.8）。认为雪佛莱和道奇汽车“非常值”的车主更可能买相同的牌子，其偏好分别超过一般人近两倍（1.8）和三倍（3.1）。

对于福特、雪佛莱和道奇车主以及其他许多牌子的车主，要维持他们与各自汽车品牌的关系，产品和价格是重要因素。这是意料之中的。

然而，我们发现，即使对于一些价格昂贵且质量和性能备受关注的产品，价格和质量并不是影响消费者再购买意向的首要因素。认为企业的经销商代表——销售代表和修理工——表现“出类拔萃”的福特、雪佛莱和道奇车主更有可能再次购买原有的品牌。确信福特经销商的员工出类拔萃的福特车主第二次购车时更愿意买福特，其偏好超过一般人13倍以上（13.1）。对雪佛莱的销售代表有这样看法的雪佛莱车主更愿意再买一辆雪佛莱，其偏好超过一般人12倍以上（12.3）。而认为道奇的销售代表出类拔萃的道奇车主在被问及下次购买的车型时，更可能回答“道奇”，其偏好超过一般人几乎15倍（14.6）。

虽然人的因素对于这些品牌的顾客有很大影响，但产品对于汽车购买者仍然十分重要。例如，认为他们的汽车可靠性“很差”的福特车主往往不会再买福特，其拒绝福特的几率比一般人高20倍。

低劣的质量往往是消费者背叛的首要原因，而可靠的质量只达到消费者的最低期待，即使美国自产的汽车也不例外。换言之，可靠只是台面筹码，而联姻需要更多的条件。

一如《汽车新闻》主编基斯·克雷恩所言，“可靠、货真价实、全面质量保证，这些都不过是入场券 …… 说到底，你必须在购买者心中点燃激情。”

消费者与他们的汉堡包

营销人员在广告中大吹特吹的东西未必是消费者看重并且为之成为回头客的东西。而企业在分配其营销和品牌建设支出时，未必充分意识到这一点。

我们在向快餐店常客了解他们喜欢的品牌时，发现产品质量、价钱是否公道和餐馆位置是否便利都非常重要。例如，一项研究发现，看重麦当劳的口味和质量的顾客更可能表示，下次外出用餐时会再来麦当劳，其几率几乎是一般人的两倍。而认为麦当劳的位置非常便利的顾客也更可能成为回头客。

尽管食品质量和餐馆位置对于一名麦当劳的顾客肯定十分重要，但麦当劳的员工，即能始终如一地为顾客创造“微笑”品牌体验的服务人员，则更为重要。认为接单和送餐的麦当劳员工出类拔萃的顾客更愿意表示，他们一有机会就会成为回头客，其偏好超过一般人几乎六倍（5.8），这种情况也适用于Wendy's 快餐店的顾客（3.5 倍）。

我们的分析人员表明，对于所有这些大品牌的快餐公司，驱动顾客成为回头客的首要因素不是食品、价格、位置或广告，而是人。这是不是说食品的口味无关紧要呢？当然不是。它只是说，许多顾客都觉得食品的口味大同小异，至少各家大型汉堡包连锁店是如此。

顾客不仅仅购买某个经过定价的产品，而且在购买某种全方位的品牌体验。而这一体验的结果将决定约会能否继续，并最终实现联姻。

实现衔接的接触

我们发现，每次一线员工与顾客接触时，他们的表现对于健康的联姻至关重要。例如，在金融产品营销界，无论是企业对企业，还是企业对消费者，都是如此。

我们对零售银行顾客的调查表明，驱动他们对银行保持忠诚的主要因素不是位置便利，也不是支票账户的费用低廉。这两个因素虽然在银行的广告中占据要位，但在银行的顾客眼中只是起码的条件，即台面筹码。它们虽然重要，但不是银行之间的区分因子。

真正使银行相互区别的是人的因素。员工和顾客服务代表通常会决定一家银行的支票账户关系是否健康。这一发现之所以特别有意思，是因为许多大银行一直在努力使顾客脱离与银行一线员工的接触——更多使用 ATM、网上银行和自动电话服务——以降低人均顾客服务成本。我们的研究表明，银行此举实际上削弱了员工的作用，而员工是建立有意义的品牌区别的最有力的武器。

门童偏爱的意大利餐馆

如果一家企业的员工表现糟糕，即使企业的产品具有某种竞争优势，其与顾客的联姻也会变得脆弱。反之，出色的员工能建立出色的品牌关系。

简和帕特是一家连锁零售店的地区经理。他们一起去芝加哥出差，决定住在一家虽然陌生但与他们的会议地点很近的酒店。此外，酒店价格便宜，控制在公司的差旅预算之内。

可见，这家酒店吸引简和帕特的是便利的位置和便宜的价格。根据简和帕特的经验，这些承诺使这家酒店与许多大同小异的竞争对手相区别。

鉴于他们对酒店周围的地区不熟悉，他们便请酒店的门童推荐一家好餐馆。他推荐了自己喜欢的一家意大利餐馆。它就在附近，步行可达，而且他对那里的菜肴赞许有加。“真的不同凡响，而且很多人喜欢，一定要告诉他们是我推荐的。”

那是一个星期三的晚上，餐馆显然广受欢迎，里面人头攒动，而简和帕特没有订座。他们得知，要等 45 分钟。简和帕特十分失望，特别是因为他们告诉餐馆经理，酒店的门童对他们的几个特色菜赞不绝口。

经理告诉他们：“等等，我有办法。附近还有一家意大利餐馆，虽然不能跟我们比，”他笑着说：“但也很不错。如果你们愿意，我可以给他们打电话。”

“很好，”帕特说：“它在哪儿？”

餐馆经理回答：“我们有辆车，司机可以送你们去。没问题。”接着，经理派车把简和帕特送到另一家餐馆，他们在那里享用了一顿美餐，还有店家提供的免费饮料。“这一切简直好得难以置信！”帕特说。

那么他们觉得酒店如何呢？用简的话说：“酒店还算过得

去。说真的，没什么惊人之处，但肯定过得去。”

他们下次来芝加哥时还会住这家酒店吗？“毫无疑问，我就盼着这一天呢，”帕特说：“一切都是因为那个门童。他真棒。他为我画了路线图，推荐了几家购物的商店，而且说出他的名字使我们在餐馆得到了一流的服务。”帕特甚至为他的夸赞又加一码：“我们应当把他雇来，让他当我们的分店经理。”

在大部分城市里，都有许多完全过得去的酒店；也有不少过得去甚至相当不错的餐馆。有的酒店或餐馆之所以脱颖而出，应当归功于它们的员工和经理。出类拔萃的员工建立固若金汤的关系——有时候只需要一晚的工夫。

释放人的威力

在界定品牌体验中，人起到十分真切和重大的作用，因而成为建立成功的品牌联姻的关键。但是，对于企业而言，人是最难管理的资源。营销经理在努力向顾客传递统一的品牌形象时，如何管理好第五个 P 是异常严峻的挑战。一家公司能使它的酒店外表统一，并在不同的地点播放相同的广告信息。然而，作为品牌“大使”，人的表现却因人而异，大相径庭。

但是，任何一个对手无法复制的手段都能给一家公司带来品牌建设的法宝：持续的竞争优势。

不言而喻，就与顾客衔接而言，每个人的才干都是不一样的。有的人出类拔萃，许多人一般般；能与顾客建立持久关系的人则少而又少。而有这一能力的人应被派到客服一线的关键岗位，例如迎客员、收银、出纳员、呼叫中心代表、空中服务员和销售代表。这些员工是品牌的建设者，至少他们应当如此。然而，通常情况下，收银、出纳员或门童被视为入门的“热身”工作，凡是能干和受宠的员工迟早要从中毕业。

然而，消费者并不认为这些工作无关紧要。在沃尔玛，欢迎顾客的不是沃尔玛公司，而是有名有姓并赢得顾客忠诚的员工，如雷蒙或玛琪。同样，给顾客端咖啡的不是星巴克公司，而是杰森或雪莉。

雷兹卡尔顿酒店比大部分公司都更加理解这一点，并将其贯穿于企业运行的每个环节。不仅如此，他们还通过雷兹卡尔顿领导力中心的研讨会与其他公司分享其体会和经验。此类研讨会的一个中心话题是“向员工授权的威力”。对于雷兹卡尔顿酒店，顾客的体验不仅是堂皇的大厅，豪华的鸭绒枕头，舒适的温泉浴或松软的睡衣。顾客与雷兹卡尔顿酒店关系的阴晴圆缺，主要取决于酒店员工的表现。所以，向它的品牌建设者授权是明智的商务决策。

品牌经理还应了解一件事：为了实现顾客衔接，必须把企业的员工管理好。盖洛普对“员工敬业”进行了广泛的研究。所谓敬业，就是员工对所在企业的情感依附度。

敬业的员工比普通员工贡献更大、更忠诚、效率更高。更重要的是，他们建设和推动更为坚固和持久的顾客关系。简言之，敬业的员工帮助企业培养钟情的顾客，继而建立品牌联姻。反之，怠工的员工瓦解顾客的忠诚，使联姻崩溃。

这一切都给我们带来一个明确的管理启示。既然人是品牌的建设者——正如我们的研究一再表明，并经大公司 CEO 们，如维京航空的理查德·布兰森和星巴克的豪沃德·舒尔兹所证实——那么企业的管理层就必须确保将善解人意的高手派到客服一线。他们还必须采取必要措施，增进员工的敬业度，并以此推动顾客对企业的钟情度。对于服务性企业而言，员工就是联姻的创造者。

第七章

品牌联姻：动之以情

幸福的品牌联姻会发出与众不同的声音：

他们始终信守承诺。始终准时送货，从不懈怠。

你会觉得他们的员工真的很上心。

他们使我的生活大大改变。

我觉得我已经无法离开他们了。

相比之下，品牌离婚的声音则有天壤之别：

我过去用过他们的产品。现在，打死我也不干了。

如果品牌名气大，自然引人羡慕，但是名气大未必持久。大品牌也会萎缩，继而失去昔日的光彩。四十年前，Schlitz 啤酒在美国与百威争霸，而 Schaefer 啤酒一度称雄纽约市场。如今，Schlitz 和 Schaefer 已不见踪影。

所有的品牌每天与每个消费者接触时，都必须保持高水准。任何懈怠都会损害品牌关系。对于偶然的疏忽，顾客可能会原谅，只要他们认为这是他们所钟爱的品牌一时的过错，因而不具典型性。但是，即使对于大品牌，顾客在“原谅银行”中储存的好意也是有限的；持续的“取款”将清空账户，继而瓦解品牌关系。

优秀品牌始终确保落实其品牌承诺，从不懈怠。它们向消费者传递和增强所谓的“一揽子价值”。这固然是一个十分有用的概念，然而，在这段描述中，有两个重要的词汇：“一揽子”和“价值”。

向顾客提供一揽子的承诺似乎不言自明，因为仅靠某个特色是无法确保持久的品牌联姻的。然而，我们需要对价值的概念进行某些进一步的说明，因为，企业在谈论价值时，往往像一群经济学家。他们把价值看成某种代数公式，以此将产品的价格与顾客的有形需求进行数学上的比较。

大部分企业在进行市场调查时的一大特点，就是公式化地强调产品的客观功能和顾客的有形需求。它们的研究人员向消费者问及他们购买或不购买某种产品的“原因”。由于这种方法强调理性，消费者的回答往往注重产品属性、功能和他们能获得的理性收益。以下是一些从我们的消费者访谈中挑选的片段，就代表了这样的回答：

如果坏了，他们包换。

它很可靠。

白的非常白，颜色很清晰。

员工训练有素，确保质量。

卖的种类很多，选择范围广。

老字号了，经得起时间检验。

店里很干净，特别是洗手间。

包你满意。退货没问题。

但是消费者不是电脑，不会完全理性地决策。若真如此，营销人员的任务就会简单得多，而且便宜得多。推销口红没必要渲染其性感魅力和“吻不掉色”。耐克也没必要雇请老虎·伍兹和迈克·乔丹来宣传它的运动服和球鞋。而法拉利肯定不会推销价格高达本田的五倍，速度高达每小时 200 英里的跑车了。

法拉利设计跑车时考虑的不是洛杉矶上班族的代步需求，而是他们的“梦想”。

左脑、右脑和全脑

销售人员很早就意识到——至少是怀疑——消费者的情感会影响其购买行为。关于消费者情感的专著数不胜数。然而，营销人员在试图管理这些模糊的感觉时，却收效甚微。

人们往往认定，情感是给定的。它们在某些产品里神奇存在，而在另一些产品里则不见踪影。例如，香水是情感的，而草耙则不是。度假旅行是情感的，而支票账户则不是。摩托车和啤酒是情感的，而微处理器和手提电脑则不是。

这种非此即彼的两分法表面看似乎符合消费者对产品的看法。有的营销分析人员甚至对消费者进行这种非此即彼的分类。他们运用了教育心理学家的研究结果，将消费者分为两种心理类型：一种是“左脑”型的，其思维方式是线性的、逻辑的和具体的；另一种是“右脑”型的，其思维是整体的、直觉的和象征的。换言之，他们或是工程师，或是艺术家。

但是这种分类并不能解释汤姆这样的消费者，他声称自己对汽车品牌毫不在意，尽管许多分析人员认定汽车是情感产品。然而，汤姆并不是对所有的产品都进行“左脑”式的决策。例如，他对每天清晨喝的茶叶品牌很有感情，是他喜欢的垒球队的狂热支持者，并对他和妻子周末就餐的餐馆情有独钟。

非此即彼的两分法也不适用于富国银行的一些支票账户的顾客，他们喜欢富国是因为这家银行与西部开发有历史渊源，而且在它发行的支票上印有一辆奔驰的马车。它无法解释坐在18C座的旅客取出一台亮闪闪的超薄钛合金手提电脑时，引来四周称羡的目光。而且它肯定无法解释万元天价的诺基亚 Vertu 牌手机何以有那么大的魅力。

我们的研究表明，情感并不是产品种类决定的，也不是消费者大脑的某个部分决定的。情感是不断变化的，而且至关重要，虽然它们飘忽不定，难以测量和管理。

无论是选择与品牌约会，还是承诺品牌联姻，消费者既处理左脑的信息，又处理右脑的信息。虽然耐克与戴尔，迪斯尼与 H&R Block 报税公司之间有明显不同，但我们发现，所有的优秀品牌既在理性又在情感上与消费者衔接。

这不是因为品牌既理性又情感，而是因为消费者如此。

情感的深度

我们听过不少消费者和企业客户讲述他们的品牌经历，发现他们不仅赞赏产品的理性功能，而且对他们使用的产品和服务产生了情感反应。对于了解品牌关系的发展过程，这些情感的联想是至关重要的。一些反应是积极的：

> 那家商店有某种文化氛围。他们的态度不一样。
>
> 我觉得在它身上看到了我的影子。
>
> 有了它我感觉真好。
>
> 我到了那里就感到无忧无虑，心情愉快，一切都那么自然和舒心。
>
> 不是所有人都能成为会员的，所以你会觉得自己是精英。

还有一些反应则非常消极，对品牌关系产生不可小视的负面影响：

> 我与他们有过一段不愉快的经历。至今使我耿耿于怀。
>
> 我真的很生气。
>
> 这事我真往心里去。我觉得受到侮辱。我非常气

愤，而且告诉了许多人。

这些评论也证实了许多大型消费者调查的发现：对于他们使用的品牌，消费者有许多故事要讲，既有理性的，也有情感的，并且他们既需要满足其理性需求，又需要满足其情感需求。

寻求贯穿一生的关系

商务期刊登载了无数的历史案例，说明持久、忠诚和一生不变的顾客会给企业带来重大财务回报。管理顾问和研究人员声称，一名顾客越持续，对企业越有利。贝恩公司的弗雷德·赖克霍德（Fred Reichheld）在《忠诚至上》（*Loyalty Rules*）一书中强调，“提高顾客保留率5%将使利润增加25%—95%。”持续的顾客通常花更多钱，并且，也许出乎很多人意料，往往要求更低。大量的研究证实了一条管理界的公理：与寻找新顾客相比，保留老顾客要合算得多。

然而，对于许多企业，贯穿一生的关系仍是难以达到的目标。顾客如走马灯一般，来去匆匆。尽管企业认识到其顾客关系的基础既有情感也有理性的特征，它们却为此左右为难。顾客关系的理性基础是能够精确测量的；而情感联系则不然。结果，许多企业都关注前者，而基本上忽视后者。

对理性衔接——例如品牌属性——进行测量是一个简单明了的过程。市场调查人员仅仅要求消费者说明他们如何将某种属性与某个品牌相联系。百事可乐有多么“提神”？马自达的后座有多么“舒适”？《芝加哥论坛报》的送报服务有多么“可靠”？你在银行排队等了多久？

与此形成鲜明对照的是，消费者心目中的品牌形象和个性联想则是软性的。百事可乐有多么“无忧无虑”？马自达有多么“自信”？《芝加哥论坛报》有多么“煽情”？

谁会在乎呢？

虽然人们能够对各类品牌形象和联想进行测量，并且有人已经做过，但大家对为什么要这样做仍然不够明确。应当向企业说明，为什么这些情感联想很重要，并帮助它们看到，消费者对品牌的情感是能产生经济效益的。

由于情感联想往往模糊不清和难以捉摸，并且其投资回报不明，人们通常只在焦点讨论和探索式调查中加以研究。而鉴于情感结果难以用财务总监和董事会所要求的硬数据进行量化，企业的平衡积分表往往不包括其与顾客的情感联系状况，也不要求经理人对发展和培养这种关系负责。

然而，形势变了。现在，人们已有能力对品牌的情感联系进行准确测量。更重要的是，事实证明，情感联系还与各种不同的财务回报相关联，受益行业包括银行、酒店、汽车、冷冻速食品、工业水泥和制药。而且，这些发现不仅适用于美国企业，而且适用于从阿根廷到泰国、从德国到新加坡的各国企业。

破译顾客钟情的密码

2000 年夏，盖洛普的科研人员开始了一项雄心勃勃和意义深远的研究计划，旨在建立一个框架，以便准确可靠地判断消费者与品牌的情感联系。我们的目的是提供一个业界急需的标准量表，对牢固的品牌联姻所具有的情感纽带进行测量。该项计划还力图描述这些所谓的“软”数据与企业经营结果之间的关系，包括顾客保留率、交叉销售（cross - sell）、消费份额（share - of - wallet）、购买频率和每平方英尺的利润率。

我们从原有的研究项目和学术界有关人类情感的心理学研究中汇集了各类相关量表。我们请各类产品和服务的顾客（如新车购买者、近期的航空旅客、支票账户顾客，等）根据一系列指标对其当前或使用最频繁的品牌进行评价，然后对结果进行广泛的分析。最后，我们选定了一组指标，它们都与顾客忠诚度和企业的关键经营结果紧密相连。这一量表由 11 个评价指标组成，称为 CE11。（指标全文见附录 B）。

这 11 个指标各自都具有预示经营结果的能力。但是，它们之间存在某种重要的互动关系，能大大增进我们对品牌联姻如何形成和持续的理解。CE11 的指标按照品牌依附度的层级排列。它们从基础开始，即建立任何持久的品牌联姻所需要的基本条件；直至品牌建设的最高成就，即在消费者一生中占据不可替代的位置。

追求品牌激情

下图“品牌依附金字塔”代表了盖洛普研究所揭示的情感纽带层级。

品牌依附金字塔

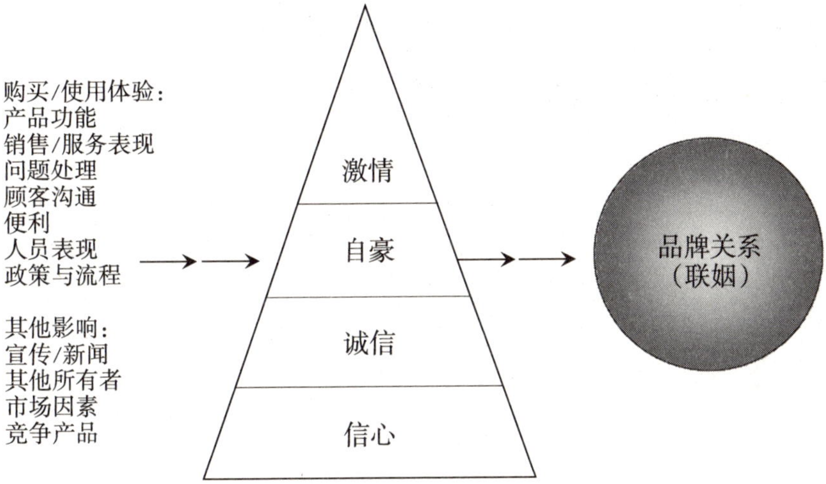

正如金字塔所示，情感纽带由四个相互连接的认知单元组成，四者合一形成一个整体的情感纽带，将顾客与品牌相连。这四个认知单元是“信心”、“诚信”、“自豪”和“激情”，分别是整体情感纽带的一部分，而这一纽带是顾客在对一家企业的产品和服务的持续体验中形成的。我们通过一对简单的指标，就能对每个单元进行准确的测量。

信心和诚信是品牌联姻的基础。它们代表了消费者对一家企业的品牌表现以及无论发生什么情况都能信守承诺的信心。如果消费者怀疑品牌信守承诺的能力或义务，品牌关系就无从谈起。

如果产品出现问题或顾客认为出了问题，企业必须立即处理，否则顾客关系就会削弱。但是，仅仅满足基本要求，还不足以建立品牌联姻。

信心和诚信代表了消费者关于一家企业如何对待其品牌产

品和服务的购买者和使用者的信心。“品牌依附”关系金字塔的另外两个层级是“自豪”和“激情”，它们的意义更重要：企业的态度给消费者带来怎样的感受。

第八章

信守品牌联姻的誓言

第一步：品牌信心

一如下图“品牌依附：基础”所示，品牌联姻的基础是信心和诚信。基础牢固，品牌关系则有望继续；基础脆弱，则关系岌岌可危。

品牌依附：基础

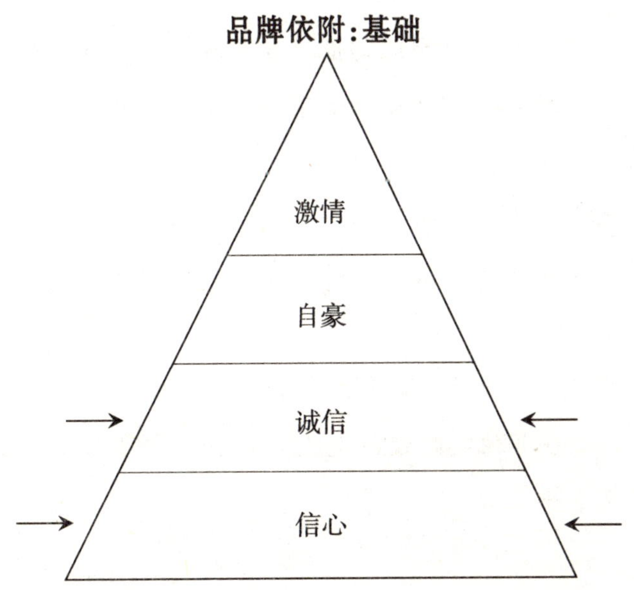

信心的游戏：品牌联姻的基础

品牌联姻的根基是信心，即消费者在多大程度上相信企业有决心和能力信守其品牌承诺。如果消费者仅仅认为企业在“努力”，在“尽力”，或“大部分时间”信守承诺，那企业就不会赢得消费者的信心。但是，如果消费者认定企业无论何时何地都信守对消费者作出的承诺，消费者就会对企业或品牌充满信心。

对于能激发消费者信心的品牌，消费者作出如下评论：

亚马逊。他们说几天送到，肯定几天送到。

大陆航空。我总是用他们，特别是国际旅行，因为他们始终说到做到……舒适、安全、行李准时到达，从不出错。我从不失望。

我对那里的每顿饭都很满意。我逢人就夸他们。

他们从来不说空话。如果经理说：“帮你去拿，”他肯定会落实。

他们作出所谓的“皮大王”承诺，如果一个孩子的衣服在穿小前磨出洞，他们就会免费更换。他们从不食言。

可口可乐堪称完美无缺。口味从来不变。它是最好的，远在其他碳酸饮料之上。不管你喝多少次，质量始终如一。

相比之下，消费者在评论那些言行不一的品牌时，其言辞和反映有天壤之别。

> 就是那家快餐店。即使你是唯一的顾客，也可能要等15分钟，就像赌博一样。而且我每次都要数数袋中的东西，因为他们经常搞错。
>
> 我家附近的银行刚被一家全国大银行收购。现在每次去那里办业务，结果好不好全看运气。如果遇上原来的职员，服务质量肯定好。但如果遇上那些总公司培训的员工，那还不如不去。

定量调查的结果证实了这些不同。相互竞争的品牌在建立消费者信心方面总有做得好的，也有做得差的，因为它们不是都能信守其消费者承诺的。

由于信心代表某种只有通过长期努力才能形成和赢得的情感纽带，高度的品牌信心是不可能通过一两次品牌体验就实现的。相反，信心是多次品牌接触或多渠道约会的结果。

我们还发现，除非消费者对于企业信守品牌承诺高度信任，企业与消费者的契约关系就会动摇。根据对不同产品和服务门类的调查，我们发现，如果一名消费者的信心指数低于最高值（即在1—5分的量表上低于5分），其对某个品牌所表示的忠诚度就会平均下降29%。不仅产品或服务的低劣表现会损害企业业绩，而且，只要消费者认为企业没有不折不扣地落实承诺，也会导致相同的后果。就消费者信心而言，优秀的确是“卓越的敌人”。

我们发现，要确定一家企业所建立的消费者信心程度究竟如何，仅仅问消费者在多大程度上信任某个品牌是不够的。一个有意义的量表不能仅问一些想当然的问题，而必须与企业经营的硬数据结果建立精确的联系，包括销售额、交叉销售和企业利润率。

信心：有效的量表

我们能通过一对简单的指标来准确而有效地测量信心：

- （品牌）是我始终信任的名字。
- （品牌）始终信守承诺。

请注意，这两个指标都使用“始终”一词：顾客是否觉得，品牌始终信守承诺，并且始终可信？如果消费者只是勉强同意这些说法，就毫无意义。只有完全同意它们，才算有信心。如果联姻的一方认为另一方“通常”可以信任，那么这种联姻就是不牢靠的。

这两个指标合起来反映了顾客在多大程度上觉得企业及其代表（包括产品、服务和人员）在成功地落实承诺，而不是仅仅为此而努力。我们通过使用这一指标来测量全球的各类产品和服务，发现顾客对不同品牌的信心水平相距甚远。有时我们没有发现差别，是因为同类的品牌作出相同的承诺，并在落实承诺上表现相同。总之，如果不存在不同，这些品牌就会成为彼此相似的大路货。

我们只需看看底特律就能找到这样的例子。在对美国近期的汽车购买者的一项调查中，我们发现，在购买本土产品，例如福特、雪佛莱或道奇的人中，仅有大约四分之一（23%）对生产这些汽车的厂家有充分的信心。其他的购买者则对他们各自的汽车厂家能否始终信守消费者承诺心存疑虑。

相比之下，在购买丰田、本田、大众或沃尔沃等进口品牌汽车的人中，高达三分之一（33%）对他们各自的汽车厂家表达了充分的信心。这一比例显著高于本土品牌，而销售数据表明，不同的信心导致明显不同的商业结果。然而，我们还必须指出，三分之二的进口车购买者对于其各自的汽车厂家能否始终信守承诺也心存疑虑。从中，我们可以看到，所有的汽车厂家都有机会和必要增进顾客对其所拥有的品牌的信心。

航空公司的顾客也心存疑虑。通过对美国航空旅客的调查，我们发现，一家大型航空公司有三分之一（33%）的顾客充分相信该公司决心始终信守其承诺，而其对手公司的相关比例仅为二十五分之一（4%）。在其他国家，信心也很重要。盖洛普发现，13%的德国购物者信任他们经常购买日用品的一家连锁店；而其对手连锁店的购物者中，这一比例高达三分之一以上（36%）。

我们不费劲就能断定，这些品牌中哪些发达，哪些挣扎。

要使消费者充分信任一个品牌，并认定它在每次品牌接触时都能始终如一地落实其核心功能承诺，绝不是轻而易举的事。大部分企业经常做不到这一点，继而与卓越失之交臂。但是，为建立健康的品牌联姻，要做的事情还很多。

传递信心

毋庸赘言，对于不同的行业，无论是金融服务公司，还是汽车代理商、肥皂厂或服装零售商，建立信心需要不同的表现和行动。然而，尽管存在明显的不同，各类行业在信守品牌承诺上仍然有一些重要的相同之处。

信心不仅仅来自一家企业的产品质量和可靠性，而且通过每一次增强企业品牌承诺的顾客接触来传递。因此，建立信心还要靠一家企业的员工、商店和顾客沟通，靠在每一次有意义的顾客接触时落实所有的五个 P。

例如，在对银行业的研究中，我们发现，信心不仅来自一家银行对细节的密切关注和始终如一地确保顾客交易精确无误。如我们所料，银行为此作出了巨大的努力，这样做是很重要的。在一项研究中，我们发现，那些认为他们的银行在各项服务上都绝对可靠和准确的顾客往往对银行充满信心，其几率为其他顾客的 24 倍。然而，认为银行的员工格外友好相助的顾客更可能对银行充满信心，其几率为其他顾客的 28 倍。就信心而言，一家银行的出纳就是金钱，其对品牌承诺的重要性丝毫不亚于消灭错误的系统和流程。

同样，如果实践证明——而不仅仅是《消费者报告》和 *J. D. Power* 宣传——他们的汽车质量超群，车主们就会对他们的汽车充满信心。但是，他们同样十分看重非常懂行的销售和服务代表。

简言之，品牌的建设者是人——至少是优秀的人——他们通过增强消费者信心而建设品牌。在以“微笑”作为主要产品的服务业，例如酒店、餐馆、旅行社和娱乐业，人起到主要的作用。然而，在金融、电信和商业服务等行业，即使顾客最看重的是准确性和可靠性，人的表现仍然是至关重要的。

更重要的是，驱动信心的各类因子所形成的合力不是简单的相加，而是会产生乘数效应。一个方面表现欠佳会瓦解所有其他方面，无论其表现多么优秀。企业为了建立健康的品牌关系会花费大量资源来开展各种活动，但是，如果某个电脑软件总是死机，某家银行在《60 分钟》电视专栏中曝光，或某位乘务员麻木不仁，企业的努力就会付诸东流。

第九章

信守品牌联姻的誓言

第二步：品牌诚信

情感依附金字塔的第二层是诚信。如同信心，诚信所反映的是消费者对品牌表现的信任度。但是，诚信更进一步揭示了消费者的一种感觉：即使“遇到问题”，品牌始终能妥善解决。无论风平浪静，还是一路坎坷，任何关系要想持久，都必须始终如一。诚信品牌的顾客坚信，无论发生什么，企业都会信守其所承担的义务。

以下的顾客言论揭示了这种诚信关系的本质：

> 说起工匠牌系列工具，他们对自己的产品从不含糊，而且实行三包。如果坏了，他们包换。
>
> 我买的东西从来不出问题，这使我对他们深信不疑。我知道，万不得已时我总能退货。所以我在那儿购物。

即使偶尔出问题，我也会原谅那家公司，因为他们最后总会拨乱反正。每个人都会犯错，关键是敢于对自己的行动负责，并提供应有的服务。只要做到这一点，我就没问题。

我用的互联网公司就像当地的一家小公司。与一些大公司不同，我能够与他们的客服人员一对一地交谈，每次遇到问题都能及时解决。而问题极少发生。

但是，我们发现，诚信不仅表现在消费者确信企业为其产品负责并随时解决问题，而且表现在每名顾客都觉得受到公平对待。如果品牌有诚信，顾客就确信，他们能从自己的“投资”获得公平的回报：

假设我与那人换个位子，如果那人对待我就像我对待他一样，那么那人就在公平待我。

如果对我的服务与对别人的服务完全一样，我就知道自己受到公平对待。

企业必须为顾客提供优质服务。顾客未必总是正确，但是顾客还是顾客。

你必须表明，你很看重我们这些顾客。你必须有求必应。

己所不欲，勿施于人。

它表明，买他们的东西是对的。

在顾客与企业的接触中，出错是难免的。但是定量调查表明，对于企业如何应对这些不可避免的疏漏，顾客的看法千差万别；而且对于是否受到公平对待，顾客的感觉也大不相同。

诚信：有效的量表

盖洛普的调查表明，我们能通过两个相互关联的指标来准确评测诚信。用来测量诚信的指标从根本上揭示了一家企业与其顾客的关系。当企业与其顾客建立某种直接的人际关系——通过电话、互联网或面对面——时，这两个指标就能有效地揭示品牌诚信：

- （品牌）始终公平待我。
- 如果发生问题，（品牌）始终能够妥善解决。

以上指标所关注的，并不是企业是否“尽力而为”，而是始终如一的一流表现。在当今顾客的评分表上，大部分品牌不是得 A 就是得 F。

事实证明，这两个指标适用于各类产品和服务，包括汽车、制药公司和度假酒店。

然而，如果企业不与其顾客发生直接的人际关系，我们就必须调整诚信指标。销售牙膏、机油、洗涤剂或电脑软件的企业很少与他们的最终顾客直接接触，但是它们与销售其产品的分销商和零售店频繁地进行至关重要的人际互动。这些顾客也必须善待。

对于产品的营销人员，他们的品牌大使不仅是产品，而且包括包装、各项企业政策和多媒体的品牌宣传。对以产品为重的企业，由于顾客与品牌的互动方式不同，我们使用一对经过调整的指标来测量诚信：

- （品牌）是一个备受尊敬的名字。
- 如果发生问题，（品牌）始终能对其产品负责。

一如信心，诚信是长时间形成的看法，是需要企业去赢得的。诚信得分受到各方面的影响，一是企业及其产品在市场上的长期表现，二是它们如何为社会做贡献。此外，影响诚信的因素还包括企业政策、流程、程序，以及企业代表的创造性和才干。

企业为其产品负责不是一句空话。一家企业如何处理市场危机，例如产品故障或召回，是其诚信的试金石，并深刻影响消费者对品牌的看法。我们的消费者得分卡表明，如果发生问题，大部分品牌的得分不是 A 就是 F。

1982 年，强生公司遭遇了泰诺（Tylenol）产品被掺假事件，虽然责任不在强生，但强生的行动建立了企业应对危机的高标准。强生发现其产品被人做了手脚后，立即将所有产品撤架，并为此耗费巨资。后来，强生特意发明了防掺假包装，直到这时才将泰诺重新上市。并且强生此举覆盖全美国，而不仅限于发现问题的地区。最后，在公众和商业媒体的赞扬声中，它的经营业绩重新上扬。

然而，尽管有这样的教训，并不是所有的企业都有决心或资源来采取断然行动的。它们的第一个反应往往是否认：“这不算问题，再说，不是我们的错。”此种行为无助于增强品牌诚信，也无助于加强联姻。

我们在不同类型的产品和服务中发现了不同的诚信评价。例如，就解决问题而言，不到五分之一（17.3%）的旅客认为他们最常乘坐的航空公司非常诚信。不出所料，消费者通常认为他们存钱的银行非常诚信，其认同率高达35.4%。但是他们对自己使用的网上经销商和批发商的诚信评价也较高，其认同率分别为26.4%和28.0%。这些商家有时也会出错，继而使他们的顾客失望。但是，一旦出错，消费者往往认为，他们打交道的商家与他们乘坐的航空公司不同，会迅速采取行动弥补过失。

但是整体的百分比掩盖了品牌之间常见的巨大差距。整体而言，大部分近期的航空旅客在公平和诚信上对其所乘坐的航空公司评价不高。然而，有几家航空公司却能逆流而上。与对手公司相比，这些明星公司在其旅客中的诚信度高出2、3、4倍，有时甚至高达10倍。

根据一项对副食品购买者的调查，一家副食品连锁店的顾客中有40%认为他们的连锁店非常诚信，但是其竞争对手的顾客中持类似看法的人高达一半以上（56%）。根据一项在拉美进行的调查，差别更大：一家副食品连锁店40%的顾客认为商家对他们既公平又诚信；而其竞争对手的顾客中只有7%这么看。

从这些结果中，我们可以得出一个重要结论。虽然一些企业远远超过其对手并因此而获益，但消费者认为，就减少和解决问题而言，大部分企业流于平庸。

这件事非同小可，因为我们从研究中发现，除非问题得到完满解决，顾客关系就有危险。对于顾客，企业如何应对他们的问题和烦恼是其服务承诺的试金石，它鲜明地揭示了企业是否真把其顾客承诺落到实处。

己所不欲，勿施于人

我们必须指出，公平对待顾客与特殊待遇不可混为一谈。虽然特殊优惠会使顾客高兴，但是他们更期待公平待遇。他们为一家企业及其产品提供支持，同时期待与此相配的回报。

鉴于此，航空常旅客的期待高于一般旅客，因为他们觉得这是自己应得的待遇。大宗和长期的商务顾客期望获得特殊待遇，继而确认他们与企业的关系既深入又长久；而不希望别人的待遇超过他们。

海伦这样说：

> 如果我走进商店，寻求某种服务，并获得跟别人一样的服务时，我就知道自己受到了公平对待。而如果我走进商店，站在那里却无人理睬，同时另一个人进来，马上就有几个人围着他转，我就会很生气。

其他人也讲述了有关公平（或不公平）待遇的故事，并说明为什么这对他们很重要；他们表达了与海伦相同的情绪：

> 我认为应当遵循“己所不欲，勿施于人”的原

则。如果有人对我不公，我就会觉得受到侮辱。我可能不该这样想，但我控制不住。而且我会发怒，并告诉很多人。

我希望自己和别人的待遇一样。有的商店以貌取人，我就会躲开他们。

我能理解他们。每个人都会犯错，但他们应当道歉。我知道他们最后会弥补的。

我认为一家商店应该为他们的产品负责，这样才无愧于顾客。

如果店家倾听我的需求，我就觉得自己受到公平对待。无论我的需求是否得到满足，只要对方耐心倾听，我就非常满意。

如前所述，诚信不等于零出错。相反，它意味着：

- 错误和问题不是频繁发生，而是偶然发生。
- 问题发生后能马上承认，得到处理并圆满解决。

顾客希望得到认可和尊重；他们期望商家认同他们的情感并尊重与他们的关系。有的企业使用顾客关系管理（CRM）系统来传达这样的认可。这些系统使用电脑对顾客的情况进行全面跟踪，根据顾客关系的层次、持续时间和深度对他们进行分类和引导。不幸的是，这些系统很少被用来表达谢意、认可顾客或增强顾客关系。相反，它们用得最多的是向顾客推销更多的商品。我们要提醒营销人员：毫无节制地向现有顾客推销新产品不会提高他们对品牌诚信的评价。相反，此举暴露无遗的只是企业的私利。

虽然企业宣称，要对顾客一视同仁，但它们的营销方案却是两回事。我们不妨看看许多银行、信用卡公司、电话服务公司和报纸的营销行为。报纸经常向新订户提供大幅度的打折优惠，却对忠心耿耿十多年的老订户无所表示。同样，银行完全忽视7年来毫无怨言、每月付费的老储户。

公平和互惠到哪去了？难怪顾客抱怨商家喜新厌旧，对老顾客熟视无睹，而忙于追求关系尚未确定的新顾客。商家通过打折可能吸引新顾客，但往往会付出脱离忠实顾客的代价。

问题、问题、问题

你的企业在处理顾客问题上做得怎样？顾客有了困难，你如何应对，这会对顾客如何评价企业的诚信度产生重大影响。

如果发生问题，无论大小，都会严重影响品牌联姻的整体健康度。我们发现，如果顾客遇到一个问题，其自我表述的忠诚度通常会下降三分之二。问题会削弱顾客关系，瓦解其基础，导致购买者或使用者怀疑品牌落实其承诺的能力。

问题不可避免，顾客对此是理解的。但是，问题发生时，企业如何处理它比是否解决它重要得多。虽然解决问题无疑很重要，但是顾客有可能问题解决了却认为企业不诚信。解决问题可能是强迫的结果，对此，许多律师会欣然证实，但是与一家企业对簿公堂，最后赢得一笔补偿肯定无助于增进顾客的钟情和好感。

研究表明，问题处理得好有助于弥补关系，尽管此举充满挑战性。我们发现，圆满解决问题甚至能增进顾客关系。在这种情况下，企业以实际行动履行对顾客的义务，继而增强其诚信度。

然而，我们的研究表明，通常，仅有七分之一的顾客问题得到圆满的解决。不仅如此，除非圆满解决，发生问题具有极大的破坏性，继而危及品牌联姻。

另一方面，如能圆满解决问题，顾客关系会增强。以下是新泽西一位三个孩子母亲讲的故事：

> 我的一个孩子很小的时候，她会一边听一个会唱摇篮曲的玩具，一边入睡。一天晚上，玩具突然不唱了，我也不知道什么地方出了问题。我根据玩具背面的号码拨通了公司的800电话。接电话的是一位彬彬有礼的女士。她没说，“你得把它拿回商店。”相反，她说，“我今天就给你寄一个去。”而且是免费的。她没要我把坏玩具寄回去，而是完全相信我的话，给我寄了个新的。我十分惊讶，也十分开心。

当然，通常企业不会这样做。以下是中西部的一位年轻母亲讲的故事，与上述截然不同：

> 他们说实行“三包”。我有收据。什么都有。我把东西拿去，但他们不给换。他们甚至什么都不给。我很生气，因为那个女售货员说话不算话。我告诉

她，这是一件礼品，我要拿给那人看，如果不合适，他们要包换，或退货，或给我购物积分。但是当我找回去时，那个售货员不在了，而其他人不愿换。他们什么都不干，只是说："没办法，这东西你已经买了。"我从此再不去那家店了。

如果问题不解决或承诺落空，就会造成负面结果。即使承诺最终——也许是勉强——得以维持，顾客对企业的情感纽带也会受损。根据一项对美国汽车业的调查，大约五分之一（21.2%）的汽车购买者声称，他们的车最近出过毛病。其中一些问题比其他问题更严重，但是这不是最关键的因素；对于消费者而言，只要他们说是问题，企业就必须处理。

没发生问题的车主的"顾客钟情度"是发生问题车主的3.6倍。更值得我们注意的是，企业如何处理这些车主的问题影响巨大。在遇到问题的车主中，不到五分之一（18.4%）的人对厂家或代理商的处理结果非常满意。除非问题得到圆满解决，顾客的钟情度几乎荡然无存，而完全钟情的顾客百分比降至仅仅1.1%。与从未遇到问题的顾客相比，这些顾客的钟情度要低25倍！

我们的研究在酒店、银行、副食店、航空公司和信用卡公司得出了相同的结论。有效地处理问题是弥补关系的关键。

小心轻放

几十年来，全球的企业都在努力消灭问题，道理是不言自明的。就减少错误和消灭次品而言，最起劲的莫过于汽车业，把全面质量管理（TQM）奉若神明。其他行业的制造商们也致力于实现零次品，致使六西格玛大行其道。

然而，只要有人，总会有问题，所以目标不是消灭而是减少问题。因此，每家企业都必须准备一个弥补关系的方案，用来及时有效地处理问题，继而尽可能减少脱节和离婚。

当问题发生时，企业首先应当承认，顾客的确遇到了问题，继而启动弥补关系的过程。虽然这听起来简单，却常常做不到。企业往往不愿承担责任，担心这样做会招致昂贵的官司。但是承认问题并不意味着企业认错，而只表明企业认识到其与顾客的互惠关系中出现了断裂。它还帮助企业满足顾客的一个重要的心理需求：顾客要求企业承认并倾听他们的不满。

约翰·弗莱明（John Fleming）在《盖洛普管理期刊》（*Gallup Management Journal*）中发表了一篇文章，题为“最难说的是对不起”（见 http://gmj.gallup.com），描述了弥补关系的六个简单而必要的步骤：

- 承认顾客的问题。
- 即使搞不清谁的错，也要道歉。
- 授权手下员工现场解决常见问题。
- 如果问题在一定时间段内未能解决，及时补救。
- 建立自动升级的程序，确保最不满的顾客都能得到安慰。
- 确保顾客的情况比发生问题前有所改善。

信心和诚信是持久的品牌联姻必需的条件。由于它们唯有做得“出色”才能生存，所以肯定不易达到和维持。但是，它们表明，在顾客挑剔的眼中，一家企业是否信守承诺，并在与顾客的品牌交易中履行自身义务。

品牌依附金字塔的上两层台阶揭示了顾客面对这一切究竟有什么感受。说到底，自豪和激情的感受决定了顾客/品牌关系的强度和品牌联姻的健康度。

第十章

在基础上拓展：品牌自豪

持久的品牌关系必须具备坚实的基础，为此，企业必须动员全体员工关注绩效，常抓不懈。然而仅此还不够。尽管赢得顾客在信心和诚信的层面上对品牌的强烈好感并不容易，但许多品牌已经做到了这一点。问题在于，它们未能在品牌依附的金字塔上继续攀登，直至顶点。然而，正如下图“品牌依附：在情感的基础上拓展”所示，每个品牌都应努力攀登这一金字塔的顶端：

品牌依附：在情感的基础上拓展

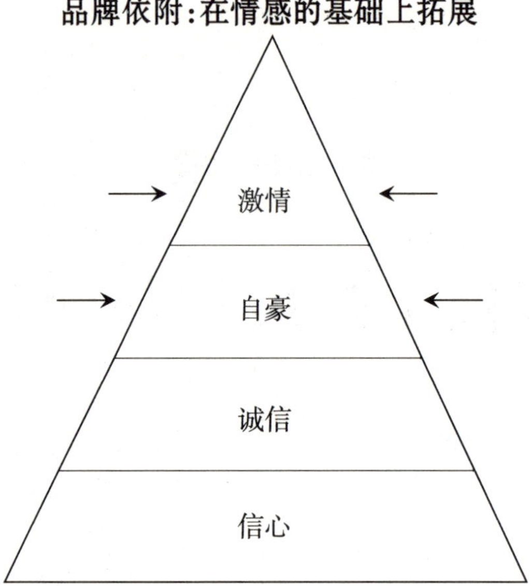

自豪与荣耀

在两层高级情感连接中，第一层是品牌自豪。自豪所反映的是购买者或拥有者在多大程度上对其所使用的品牌感觉良好；它还表明他们是否对成为一个品牌的顾客感觉良好，并反映由此产生的个人形象。

然而，此种情感反应所体现的并不仅是使用某种品牌所带来的面子和荣耀。毫无疑问，开奔驰车、用白金运通卡或穿一件哈佛的运动衫会使人备感荣耀，而其他人对这类品牌的仰慕更使品牌使用者风光无限。但是消费者也会产生一种私下的自豪，其重要性和强度丝毫不亚于公开的炫耀。

我们发现，不少在打折店淘便宜货的顾客也有很强的自豪感，这是因为他们在店里受到了礼遇，特别是由于精明而受到夸赞和重视。消费者如果购买能反映、增强和以某种方式完善其自身形象的品牌，就会产生强烈的自豪感。即使他们所购买的商品既不抢眼，也非名牌，这种自豪感仍溢于言表。

从许多消费者口中，我们能听到形式多样的自豪表述。这些话语反映了他们的品牌连接所产生的深层情感意义：

> 别人叫我乐柏美（Rubbermaid）[①] 女王。它使我的生活井井有条。
>
> 我什么时候会自豪？当我离开一家商店时，知道他们希望我再来。
>
> 我可能是 Eddie Bauer[②] 的活广告。我觉得我所有的一切都与 Eddie Bauer 有关。
>
> 别人把我的话当回事……把我当成一个活生生的人，而不是一个符号。
>
> 我开别克车时感觉真好。我知道它并不豪华，但我为开我的别克感到自豪。我觉得它很漂亮。我甚至给它起了个名字，叫玛莉亚。

消费者的个人依附感常常见于他们使用的人称代词（“我的别克”、“我的奇妙酱”、“我的沃尔玛”）；品牌已经融入他们的生活，成为他们的一部分，并帮助他们在外部世界里实现自我定义。

---

① Rubbermaid：美国著名家用品品牌。——译者

② Eddie Bauer：美国大型服装零售商。——译者

我原来是做餐饮的，所以对吃的从来不马虎。食品一定要买好的，这一点对我很重要。我就是这样的人。我是帕姆大婶，大家都到我家来饱餐一顿。所以，降低品牌标准，让别人吃不好，是我绝不能接受的。

我在自己的帽子上自豪地贴上一个耐克的标志。我很小的时候就知道耐克，穿耐克运动鞋。这使我想起当年的趣事。所以，我戴着它很自豪。

消费者最钟情的品牌对他们投桃报李，使他们觉得厂家看重他们，把他们视为至关重要的个人，而不是一个毫无生气的数字。

企业在与顾客接触的每一刻，都必须真诚地传递这种互惠，继而动之以情。当达明谈及他去的比萨饼店时，他是充满自豪的。他谈到产品、价格，还有便利的位置。但是他谈得最多的是店员们给他的感觉：

我家附近有一家小比萨饼店。味道好极了，而且价格非常便宜。服务不仅从不出错，而且热情友好。仿佛给我送餐的是一位老朋友，而不是一家餐馆的雇员。尽管有许多比萨饼连锁店，但我只买他们的。

品牌自豪：重要指标

我们的分析表明，有两个指标反映了自豪感，两者均体现了对于任何关系都至关重要的互惠和互敬。一如信心和诚信，我们使用一对评价标准来评估自豪。我们之所以选择它们，不是因为它们听来有趣，而是因为事实证明，它们能准确揭示与品牌联姻的消费者所表达的情感。这两个关于品牌自豪的指标是：

- 我为成为（品牌）的（顾客/购买者/使用者/拥有者）而感到自豪。
- （品牌）始终尊重我。

这两个指标不仅反映消费者对特定品牌的态度，而且表明消费者对品牌的体验，以及消费该品牌对其生活的影响。这些情感是不可忽视的。

如上所述，这些指标需要“了不起”的品牌关系的证据来支持。一种顾客会说，“是的，差不多，”而另一种顾客则说，“绝对如此！”两者之间的差别是很大的。唯有了不起的关系才产生自豪。

哪里有自豪

一如“品牌依附”的各项指标，我们发现就其购买者、使用者和拥有者的自豪感而言，不同品牌之间的差别巨大。不仅如此，我们所调查的每类产品和服务以及每个消费者分层中都存在自豪感。不仅拥有一辆好车或购买一套定制西服能产生自豪感，而且买肥皂和番茄酱，或买电脑软件和激光打印机也能产生自豪感。

就汽车品牌而言，我们发现，一些品牌的消费者中，高达十分之七（68%）的人不仅为他们与该品牌的关系感到自豪，而且为他们的使用体验感到自豪。我们还发现，与此相比，一些竞争品牌的顾客忠诚度要低得多——尽管消费者每次花费高达 25000 美元，却仅有 16% 的人声称他们为成为一名车主而自豪。这表明，尽管价格不菲，但该品牌的车主中高达六分之五的人并不为他们与该品牌的关系感到自豪。这预示着未来的重大问题：缺乏热情的车主不仅难成回头客，而且在对别人谈及自己的汽车时，更可能抱怨而不是夸赞。

品牌营销人员已经认识到，口碑、品牌粉丝和顾客中的义务宣传员具有重大的商业价值，反之则有重大损害。因此，自豪不仅对于个体顾客很重要，而且对顾客接触的所有人都是至关重要的。

不仅如此，自豪的重要性并不限于一掷千金的奢侈品。我们调查过一家连锁副食店，发现十分之四（41%）的顾客对他们与商家的关系感到非常自豪。然而另一些连锁店的顾客中仅有 19% 的人为此感到自豪，尽管一些商店的位置十分便利。猜一猜，哪些婚姻岌岌可危？

在金融服务业，一些银行的顾客中高达四分之一以上（28%）的人为他们与该银行的关系感到非常自豪，而另一些银行仅为 12%。你愿意管理哪家银行呢？愿意与哪家银行联姻呢？

对于牢固而互惠的关系而言，自豪是不可或缺的。

自豪的少数……

我们的研究发现，大部分品牌未能在其顾客中创造强烈的自豪感。这部分是因为大部分品牌未能创造或界定一种能使其顾客感到特别的与众不同的品牌体验。

海军陆战队员有一种强烈的自豪感，iMac 用户、Phish① 粉丝和 eBay 迷们亦然。他们的自豪感来自一种与众不同的小团体成员意识，一种属于某个精英团体的优越感。基于某个品牌的特殊性和独特的品牌体验，他们不仅与品牌相连，而且与品牌的其他使用者建立密切联系。

但是这里隐藏着一个难题，而当品牌为增加收入而扩大销售面时，问题就开始显露。如果一个只向“少数人”出售的特殊品牌转向大众化，会有什么后果呢？

作为一个地区的啤酒品牌，Coors 啤酒一度受到一群异常忠诚的消费者追捧，他们对其独特的科罗拉多和落基山形象深感自豪。然而，随着 Coors 发展壮大，它逐渐失去了科罗拉多的独特魅力，而正是这种魅力使原有的顾客深爱 Coors，以求获得一种只向小众开放的独特而个性化的品牌体验。

另一些品牌，例如 In－N－Out 汉堡包或 Krispy Kreme 面饼圈，在扩大销售时会遇到什么问题呢？如果顾客无须费力就能买到原来不易获得的产品，它们还能保持原有的魅力吗？In－

---

① Phish：美国摇滚乐队，于 1983 年成立于美国佛蒙特大学，2004 年解散。——译者

N－Out 对于扩大销售十分谨慎，努力确保每个分店的品牌体验完全一致。相比之下，Krispy Kreme 迅速向多个国内甚至国际市场扩张，不仅在自有商店销售，而且在许多市场通过副食店和便利店销售产品。这里暂且不谈 Krispy Kreme 公司面临的诸多管理和财会问题，真正的挑战在于：这样的扩张还要多久就会使其产品成为“大路货”？Krispy Kreme 仅仅通过扩大销售是不能复制其品牌体验的。

扩大品牌的消费群可能冲淡其原有的独特性，继而削弱其顾客与众不同的自豪感。消费群增长到什么程度就会瓦解其独特的归属感？

虽然特性的丧失是一种可能的后果，但这也不是必然的。大众消费的品牌同样能使顾客产生自豪感。对一些品牌的强烈自豪感源自相互抱团的少量忠诚顾客，而另一些广泛销售的大众品牌则通过建立良好的品牌关系使顾客感到自豪。

星巴克就是一例：尽管其扩张迅猛，其现有分店已超过 7000 家，但它在顾客中设法保持了相当多的自豪感。真正的问题在于：随着它进一步实施产品（而不是其整体品牌体验）扩张，继而进入飞机、酒店和超市，与福爵（Folgers）和麦斯维尔（Maxwell House）为邻，它还能继续如愿吗？

尊重

要回答这一问题，我们必须认识到，作为品牌关系的一部分，自豪不仅仅是或主要不是控制供给和维持独特消费群的结果。自豪的一个重要方面在于消费者觉得品牌及其代表在个人层面上看重、认可和尊重他。

自豪所反映的，不仅是顾客本身的自豪感，而且是企业对于其顾客所感受到并表达的自豪感。自豪始终是相互的。

为了证明这一点，我们来看看达里尔怎么说。达里尔是美国东部一家零售连锁店的常客（而且十分自豪），他写给公司管理层的一封信值得一读：

> 请告诉你们的营业员，不要说话像念稿子。我觉得许多在那里工作、号称要帮你忙的人其实对你是谁并不感兴趣。即便如此，他们至少应做出关心我的需求、并愿意帮我购物的样子。

一家企业通过其政策、流程、产品和员工对其顾客的光临和购物表达谢意。它必须在与顾客每一次接触和交流时都这样做。对顾客的尊重是能用多种方式来表达的。著名的广告公司创始人大卫·奥格威（David Ogilvy）曾经这样教育他的创意团队："消费者不是一个低能儿，而是你的太太。"

要使顾客产生自豪感，就不能满足于完成顾客服务的一般任务，也不能满足于高层号召，或发表一篇老生常谈的"顾客为中心"的使命声明，挂在董事会的墙上，却无从落实到基层。自豪需要企业拿出真正的行动来，表明企业珍视每一位顾客和每一个顾客关系。

第十一章

情感顶峰：品牌激情

信心、诚信和自豪构成了一幢每个 CEO 都会引以为豪的品牌大厦。然而，一如所有的建筑，临时建筑与永久建筑，功能性居所与梦中家园是完全不同的，而将它们相互区别的是最后的修饰。在顾客关系中，将“喜欢”与“热爱”相区别的是品牌激情。

对于某一品牌充满激情的消费者确信，这一品牌对于他们是完美无缺的。不仅如此，他们还认为，如果这一品牌消失，他们的生活就会缺掉一块。

有一些产品似乎是不可或缺的，这包括不少必需品，如冰箱或抗生素及其他神奇的药品，还包括一些在消费者日常生活中占据一席之地的普通产品和服务，如电视遥控器、手机、微波炉和 E－mail。我们离开它们便无法生活。

然而，品牌同样引发激情：

我离了 Shredded Wheat 麦片就无法生活。我每天都吃，这是我每天必做的事，否则一天就缺了一块。这听起来有点儿傻，但是当我老公把最后一碗吃掉时，我简直要了他脑袋。

没有这品牌？就像死了一个朋友一样。

我最喜欢的是 Casual Corner[①]。我每次去购物，他们都记得我是谁。我在那里感到很舒服，而且每次他们来电话，我都乐意接。

新加坡航空。他们的顾客服务棒极了。有一次我不舒服，他们悉心照料我，使我深受感动。他们无微不至。

甚至企业客户也对某些品牌产生激情：

说真的，离了他们我们真不知如何是好。他们总是有求必应，不仅在我们发生问题时及时救助——问题经常发生——而且不断为我们出点子。我觉得他们关心我们的成功丝毫不亚于我们自己。

激情是品牌依附金字塔的顶端，是对任何品牌的终极情感纽带，体现在顾客对品牌优点的充分认可和热情宣传。

激情尽管不常见，但会发生在一些意想不到的地方。我们

① Casual Corner：美国服饰品牌。——译者

发现，不仅豪华车主和高级度假村的旅客会产生激情，而且普通产品和服务的顾客，例如购房贷款、加油站和包装销售的奶酪，也会产生激情。激情是实实在在的，等着我们去激发和理解。

有的品牌能赢得激情，而有的品牌则不及竞争对手，还有的品牌甚至更差。结果，这些品牌就受到损害，其与顾客的情感联系疲软，继而更易遭受商业损失。

我是不可替代的

对于激情，我们是能够发现和监测的，并在此基础上对它进行管理。一如品牌依附的其他三个组成部分，我们用两个相互关联的指标来评测品牌激情：

- （品牌）对于我这样的人是完美的（公司/产品/品牌/商店）。
- 我无法想象世界上没有（品牌）。

我们长期观察发现，顾客能不费劲地使用这两个标准来评测他们使用的品牌。这并不是说，顾客对很多品牌都充满激情，不是这样的。这只是说，他们的评测能准确而可靠地表明，他们的品牌联姻是否包含着一种深刻的承诺，即一种品牌激情，而不仅仅是出于方便或习惯。

研究表明，相互竞争的不同品牌之间存在着巨大的差别：

- 根据印度进行的一项调查，购买一种包装食品的顾客中，几乎三分之一的人（31%）对该品牌产生激情；而其竞争品牌只有22%的顾客有激情。
- 根据美国进行的一项关于副食品购买者的调查，一家连锁店在六分之一（16%）的顾客中培养了激情，但是他们挑战的对手却有将近一半（45%）的顾客充满激情。
- 一家大型美国保险公司在五分之一（22%）的现有顾客中培养了激情，而其对手公司的激情顾客比例却高达31%至53%。

保险公司似乎是不太容易使顾客产生激情的。正因为如此，许多金融服务的产品被当成大路货来推销。然而，虽然公司把它们的产品当成大路货，但这不等于消费者一定这么看。

如果消费者认为某个品牌对于他们是完美无缺的，或是他们不可或缺的，他们就对这个品牌产生激情。第二个指标所评测的就是消费者对这种关系的感受："我无法想象世界上没有（品牌）。"这听上去很极端，但的确如此。我们这样措辞是故意的，因为我们要寻找的是最真诚和最牢固的品牌联姻。这一指标将世界级的企业与还不错的企业相区别，将激情与敷衍相区别。

我们发现，激情存在于几乎所有门类的产品中。我们发现，各种消费者，无论贫富、老幼、男女，都可能产生激情。我们还发现，各个国家，无论泰国、巴西、德国、日本还是美国，都存在激情。一句话：即使看不见，即使没人注意，激情是客观存在。

让激情之火燃烧

研究人员对品牌激情产生的过程进行了深入探讨，得出了三个明显的结论：

- 第一，不同的产品种类和品牌对于激情的驱动因子是不同的。虽然宝马车主与雷克萨斯、捷豹和沃尔沃车主都对自己的爱车充满激情，但其动因是不同的。
- 第二，催生激情的绝不仅是单一的原因，例如汽车的外形设计和操控性能。
- 第三，在所有情况下，最重要的是区分性，即对消费者发出含义深刻的信号和暗示，告诉他们，他们的品牌经历是与众不同和非常特殊的。

对近期的航空旅客进行的研究表明，激情与航班时刻的便利、印象深刻的广告或飞机的机龄和新旧无关。虽然这些因素不无其重要性，但它们并不催生品牌激情。

对于航空旅客而言，激情首先来自优秀的空中服务，其次是优秀的地面服务，最后是准确的到港和离港。这很有趣，因为在美国，西南航空公司率先实施的正是这样的业绩标准，现在被 Ryanair 和 JetBlue 航空公司所效仿。不出所料，这些后来者在业绩上超过了不少大型的航空公司，后者想提供热情友好的品牌体验，却困难重重。同样不出所料，这些大型航空公司不得不靠打折、促销和各种常旅客奖励方案来贿赂顾客，引诱他们回头。

如果没有人担当品牌大使，企业就必须用其他手段来建立品牌激情。但这是能做到的——我们看到在番茄酱、咖啡、洗手皂和面霜等方面的成功案例。激情发源于使用品牌时的一种含义深刻的独特体验，而成功品牌的高明之处就在这里。例如，我们研究拉美辣酱和美国饮料时发现的一种与众不同的口味；我们研究亚洲洗浴用品时发现的一种独特的清爽感；我们研究印度食品时发现的一种独此一家的满足感。要在任何国家培养品牌激情，品牌体验都必须与众不同。

对于番茄酱和咖啡这样的产品，高明的广告和与众不同的包装有助于建立和加强独特的品牌体验。一如上述，激情的基础是出类拔萃，而不是“过得去”。因此，对于营销的挑战是创造、传递和始终不渝地增强一种独一无二的感觉，而这种感觉只能源自对品牌的购买和使用，源自与品牌的联姻。

但是，要做到这一点，需要我们从顾客的角度，而不是从企业的角度，来理解整体的品牌体验。例如，对于星巴克，顾客的品牌体验是咖啡呢，还是更大范围的东西？在联合航空从丹佛到芝加哥的班机走道上，获得复制的仅仅是咖啡呢，还是星巴克的整体品牌体验？

通常，传递某种独特品牌体验的因子并不是一目了然的，然而，它们对顾客却起到了关键的暗示作用，因为在整体品牌体验中，正是它们使得体验与众不同。路易斯·卡蓬（Lewis Carbone）在其所著《心领神会》（*Clued Inc.*）一书中指出，我们必须识别那些激活情感的暗示。马丁·林斯特龙（Martin

Lindstrom）在他的新著《品牌感官》（*Brand Sense*）一书中指出，人类的五大感官中，每个感官都从不同的角度创造情感联想，继而将优秀品牌与低劣品牌相区分。

企业能够使用若干个定性工具来研究可能激发顾客品牌体验的因子。但是，有一个关键的问题必须回答：品牌究竟应当激发什么情感？我们的回答是：信心、诚信、自豪和激情。我们建议大家关注能传递这四种情感的线索和感官信号，因为它们是品牌联姻的四个关键组成部分。

重要的是，建立激情不仅仅是一家企业的广告部必须应对的挑战，而且也是产品开发部、商铺和包装设计师、口味专家、营销经理、流程工程师，以及每个参与设计和实施品牌体验的人的任务。

无论我们对“咬一口、乐一乐”的广告攻势下多少本钱，我们都不能轻易使顾客相信，某个消费体验是多么独特和愉悦。我们不光要说，更要兑现。顾客必须亲身体验到品牌的与众不同之处。他们必须感受到其独特之处，因为情感是必须去感受的。

识别能够增强品牌激情的重要而微妙的信号是不容易的。更难的是创造一种独特的产品体验，来始终如一地传递这种具有区分功能的信号。一切都是说来容易，做却难。但是，舍此则没有激情，而缺少激情的婚姻最终——有时会迅即——滑向离散。

第十二章

品牌联姻需要顾客钟情

情感并不是无法量化的虚无缥缈的东西。就品牌关系而言，将人们与品牌相联系的情感纽带是具有明晰的结构的。这一情感结构的基础是信心和诚信；建于其上的是自豪和激情。

这四个部分组成了情感品牌纽带。我们开发的指标意在测量这四个部分，继而为企业提供一个至关重要的工具，来评测其品牌联姻的健康度。

但是企业需要了解情感纽带的真正价值。不言而喻，有着这样的纽带是件好事。如果有一群消费者对我们推销的产品或服务充满激情，是我们求之不得的。但是这件事到底有多么重要，对于财务主管和股票分析师，它的意义何在？问题在于，情感纽带的财务价值到底有多少？

回答是：多得很。

为管理品牌而评测品牌

鉴于企业需要对其品牌关系的真正价值进行评测，我们开发了专有的顾客钟情度指标，并进行测试，以确定它们能否取代过去的深度访问、预测技术和焦点小组会，为企业提供一个严格而可靠的测量工具。由此，我们发明了一个有深刻含义的量表，来识别形成顾客与品牌的情感纽带的各种关键因子。

这一全新的钟情度量表必须：

1. **提供一个用来改进品牌管理的工具。**我们希望开发一个有效的结果指标，供企业用来指导各级经理和所有顾客触点上的行动。我们希望这一指标能明晰地关联到经理们能够做到、并为之负责的事情。简言之：我们的指标必须提供能付诸行动的结果。

   请注意，“付诸行动”不等于“简单”。“付诸行动”并不表明行动轻而易举，也不表明干预能立即实施，或只需要企业负责营销的高层领导参与。

   品牌联姻的地点既不是天堂，也不是董事会的会议室。牢固的联姻需要在所有五个P上都表现优异，必须在每个重要的顾客触点上都一丝不苟和持之以恒。联姻的成或败，都发生在这里。这显然不是一个简单的挑战，但肯定是能付诸行动的。

2. **提供一个与主要经营结果有明确和直接关联的指标。**我们希望为品牌经理建立一个有效的指标，来反映其品牌关系的健康度，以及他们自身的行动对品牌资产的影响——无论是增强还是削弱。我们要求这一指标在企业高层和基层都有信度。简言之：这一量表必须有针对性。

企业都有各种经营结果，并据此对各级管理者进行定期的考核。我们的钟情度指标与这些结果之间必须有重要、显性和直接的关系。否则，它们就不能纳入指导资源配置并左右管理行动的平衡计分卡。

我们在 2000 年开始探索人类情感世界、品牌联姻和所谓的“品牌钟情度”时，面临的挑战就是如何使我们的量表既有针对性，又能付诸行动。

超越品牌忠诚：品牌钟情度

为了创造一个针对“品牌钟情度”的完整量表，我们将品牌依附的八个指标与通常使用的三个态度忠诚指标相结合。多年来，盖洛普和其他研究人员用这三个指标来了解顾客是否愿意继续购买和使用某个品牌，并向别人推荐。这一态度忠诚度量表由以下三个指标构成：

- 整体满意度
- 在需要时，继续/再购买/回头客的可能性
- 向别人推荐的可能性

与任何单一指标的忠诚度量表相比，这个三合一的量表要

稳定得多，三者合在一起能准确地反映一名顾客的忠诚度。然而，这些忠诚指标本身仅仅揭示顾客关系中的理性侧面，例如便捷和习惯，而未能揭示其中的情感因素。就一个品牌与其购买者之间重要的情感联系而言，态度忠诚指标不能进行敏锐而清晰的测量。

鉴于此，我们把传统的三合一忠诚度指标与八合一的品牌依附指标相结合，形成一个由 11 个指标组成的顾客钟情度量表，称为 CE11。这是测量品牌联姻的强度和健康度的终极量表。（关于全部 11 个指标，见附录 B）

这些指标合在一起，能对品牌关系进行全面的评测，其中既包括一名顾客的理性动机，又包括其重要的情感关联，继而对这两个重要的决策驱动因子给出相应的权重。

基于消费者对这 11 个指标的回答，我们能将他们分成各不相同的四类，如下图“消费者钟情度分类”所示：

消费者钟情度分类

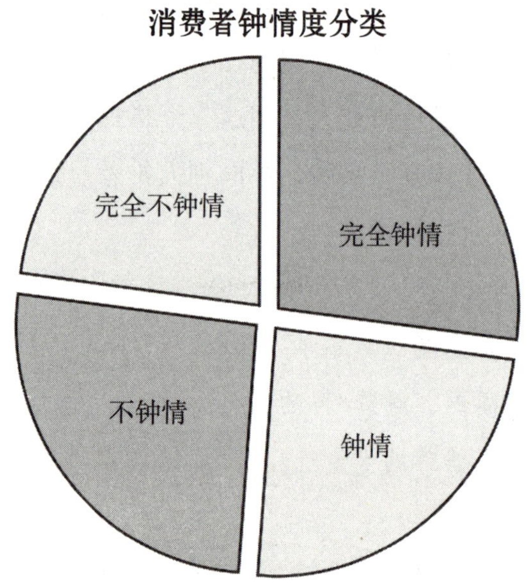

为了识别这四类消费者，我们进行了一系列的商务结果研究，其中使用了顾客钟情度量表来预测一系列相关的经营结果。这些结果包括市场份额、回头客、营业水平、营业额和利润率。基于这些分析，我们识别了四种各不相同的钟情度，继而描述了四种不同的顾客和顾客关系：

- **完全钟情：**这些顾客对于品牌既有很高的情感依附度，又非常忠诚。在我们研究过的各种品牌和产品门类中，他们都代表了一家企业所拥有的最有价值的顾客。他们花钱更多，经常再购买，对价格不敏感，而且热心向别人推荐。他们愉快和充满激情地与品牌联姻。
- **钟情：**这些顾客同样与品牌建立情感联系，但不如完全钟情的顾客那么牢固。同样，与后者相比，他们对品牌的态度忠诚要弱一些，也不会频繁地继续购买或使用。他们肯定不会不满意，但是出于各种原因，他们与品牌不是完全相连。他们虽然与品牌联姻，但与完全钟情的顾客相比，缺少激情和承诺。
- **不钟情：**这些顾客对于品牌基本上无所谓，他们的情感联系几乎不存在。在他们看来，他们所使用的品牌不过是大路货。他们有可能继续使用或购买某个品牌，但是这样做可能是出于习惯或权宜之举，而不是因为他们有什么情感纽带。这些人与品牌的联姻完全是机会主义的。
- **完全不钟情：**这些顾客与品牌毫无关联。如果他们转换品牌很困难（例如开户银行或手机运营商）或他们

> 的选择受到很大限制（取决于地点，例如航空公司或一些零售店），他们就会产生对立情绪，并时常抱怨不休。如果转换比较容易，他们就会对品牌漠然置之，说换就换，毫无忠诚可言。他们虽然可能认为所有的品牌都一样糟糕，继而没有理由转换，但极易动摇。这些顾客最有可能，也最急不可耐地要与品牌离婚。

我们发现，这四类人对品牌及其代表的感觉大不相同。他们用大不相同的方式谈论品牌。更重要的是，他们的不同不仅见于情感和意向，而且见于行动。

钟情的呼声

完全钟情的顾客在个人层面上与他们所钟情的品牌保持一种清晰而易见的关系。这些特殊的品牌不再湮没于“同类的汪洋”中。它们从可以互换的大路货中脱颖而出，进入了一个全新的世界，在这里，消费者把它们视为“自己的”品牌，视为其生活不可分割的一部分。这是因为他们深信，他们所钟爱的品牌有一种独特的地方，使他们在购买和使用时产生一种与众不同的愉悦。

> 小妇人橙汁（Minute Maid），我每天起床都喝。
>
> 家得宝（Home Depot），我老公和我都需要它。千万别把它搬走。
>
> 我离开 CNN 可活不了。我被它勾住了。

> 艾凡达（Aveda）心口如一，说到做到。他们出售的都是天然产品。你一进店，就能闻到一股清香，还能听到舒心的音乐。店员们井井有条，热情友好。我每次去都会觉得远离烦恼，轻松愉快。一切都那么自然和温馨。

在焦点讨论、大型调查和记者们针对他们喜欢的品牌产品和服务而写的书里，我们都能听到这样的心声。《今日美国报》记者站站长大卫·基利（David Kiley）最近出版了一本题为《驱动》的书，其中这样描述自己的宝马车：

> 我一坐进驾驶座，它便扑面而来，洋溢着一种真情和自信……它们的外形、发动机性能，以及每台车的平衡和灵活都无可挑剔。即使冒出来一个对手，有更大的马力……但大部分车迷都会从心底感觉到，它们的真正目的是想打败我们心爱的BMW。可是它们至多是摆摆样子……与堪比玛丽莲·梦露的宝马相比，它们不过是些平庸的简·曼斯费尔德[①]。

与其他品牌相比，顾客在谈论他们真正钟情的品牌时的口吻是截然不同的。他们也许会接触或使用其他品牌，但不会与它们产生任何亲情。但是这些言论不仅存在质的不同，而且存在量的不同。

---

① 简·曼斯费尔德（Jayne Mansfield）：美国女演员（1933—1967）。——译者注

这四类钟情度各异的人群的数量往往差异巨大。我们在研究中发现，一些品牌现有的顾客中，一半以上是完全钟情的，而另一些品牌几乎看不到美满的联姻，其现有顾客中，只有五十分之一的人是完全钟情的。

钟情顾客的世界

尽管他们肯定不是主流，但完全钟情的顾客并不像人们想象的那么少见。几乎所有的品牌都有这样的顾客，虽然迄今为止，他们大部分尚未显现。这是因为他们通常不愿意出头，而大部分顾客数据库和满意度调查都不能将激情顾客与习惯性顾客相区别。数据库仅仅反映顾客的行为，而不是他们的情感。

牢固的联姻从根本上说是情感的，而婚姻的牢固度并不取决于眼下两个人是否住在一起。

调查显示，一家企业大约20%的顾客可以视为完全钟情。但这只是平均数，而它掩盖了至关重要的差异，这种差异不仅存在于产品门类之间（例如汽车和手机），或品牌之间（例如本田和道奇），而且，令人意想不到的是，存在于相同品牌的分店、分行、呼叫中心、销售小组和销售商之间。

也许，最令人吃惊的是一个品牌内部的差异。例如，连锁店的内部设计和所售商品完全相同，而且价格一致，却仍然存在巨大差异。

一项针对一家银行的顾客的研究表明，在一些分行，三分之一以上（38%）的顾客完全钟情，而在同一系统中的另一些分行，尽管使用同一个品牌，销售相同的服务，却没有一个完全钟情的顾客。一个都没有。这是一家银行，还是许多家完全不同的银行呢?

在对一家大型零售连锁店的调查中，我们发现，其整体的顾客钟情度非常高，但是各分店之间仍然存在巨大差异。一些分店高达四分之三的顾客与其品牌实现了联姻，而在另一些分店中，完全钟情的顾客只有前者的三分之一。虽然整体得分甚高，但是各分店在品牌建设上差异甚大。一如上述，这是一家商店，还是许多家呢?

只要存在多个顾客接触点，我们就能看到相似的现象。无论是分行、分店、快餐摊点、分销中心，还是汽车营销商，数据表明，没有一家企业的各个分部之间的顾客钟情度完全一致。相反，存在着各种不同程度的联姻。有的分部在品牌建设上出类拔萃，有的则一塌糊涂，然而它们都有完全相同的系统，而且据说有同样的能力来实现品牌承诺。

第十三章

健康品牌联姻的价值

近年来，我们不仅努力探索对顾客钟情度的评测，而且调查了顾客钟情的商务效果，以及顾客不钟情而带来的代价。

我们的深入研究挖掘了一系列的案例，将顾客钟情度量表（CE11）与企业的关键经营结果相联系。在其中的一些研究中，我们使用了一家企业现有的顾客数据库，用来产生经营结果的数据。这样做是有优点的，因为数据不是来自顾客的自我行为描述，而是直接来自企业的硬数据库所产生的顾客样本。如此，这些案例中得出的经营结果就不会受到顾客自我描述的偏差的影响，而人们在喜欢一个东西时往往会夸大他们的行为认可。

我们的研究用两种方式来探讨经营结果的问题。我们首先对单个的顾客进行一套分析，从行为和支出两方面将钟情的顾客与不钟情的顾客对比，继而了解健康的联姻与不太健康的联姻之间的不同。

我们进行的第二步分析重在了解各经营单位的绩效，以便判断在各分店、分行和分销点等经营单位的顾客钟情度。通过这些经营单位层面的分析，我们就能从经营绩效的角度，将高钟情度的分店与低钟情度的分店相比较，并观察其钟情度建设在一段时间内的变化。

“让我看到钱”（第一部分）

针对一家大型美国银行的一项研究揭示了顾客钟情度在单个顾客层面上的影响。我们针对支票账户顾客的整体钟情度进行调查，发现略超十分之一（11%）的顾客完全钟情，而超过两倍于此的顾客（28%）则完全不钟情。显然，情况不妙。导致此种结果的原因是该银行数次举措失当，包括一些尚未完成的购并，致使顾客们陷入迷茫。然而，即便如此，仍有一些完全钟情的核心顾客，其价值很快就显现出来。

分析表明，完全钟情的顾客所持有的存款余额比不钟情和完全不钟情的顾客多26.2%。不仅如此，他们还开设了更多的账户（几乎多10%）。很显然，这些顾客对于银行就是钱。由于缺乏对情感联系的可靠指标，银行管理层对这些完全钟情的顾客视而不见。但是，无论企业是否看见他们，他们是实实在在地存在的，而且很值钱。

对于企业，完全不钟情的顾客意味着失去的机会，其代价格外高昂。如果这家银行能达到我们在银行顾客调查中发现的美国银行业平均水平，其完全钟情的顾客人数就会增加一倍，继而提高市场份额。这家银行如能抓住这些机会，就能增加几乎 18 亿美元的营业额。

另一个案例是一家大型副食品连锁店，也说明了顾客钟情度的重要影响。根据从该连锁店会员顾客数据库中提取的数据，并不是所有的会员顾客对于连锁店的品牌都一样忠诚和追捧。案例还表明，情感纽带会产生重要的财务结果。

我们发现，完全钟情的副食品购买者光顾连锁店的次数更多。与喜欢但并不热爱该连锁店的钟情顾客相比，完全钟情的顾客光顾的次数多 8.9%；而与完全不钟情的顾客比，他们多整整 19.5%。

为什么一名不钟情的顾客仍会光顾呢？答案很简单：地点、地点、地点。砖头和水泥总能赢得一名顾客的一些消费，但不可能赢得其全部消费，而且远远比不上一名钟情的顾客。完全钟情的顾客花费更多，超过完全不钟情的顾客几乎三分之一（32.7%）。不仅如此，在其副食品总开支中，他们在这家连锁店的花费所占比例更大，约 80%，比完全不钟情的顾客多大约三分之二。

钟情带来效益；不钟情增加成本

我们在其他企业和行业也发现，健康的品牌联姻能带来积极的财务结果。与不钟情的顾客相比，钟情的化妆品顾客购买他们喜欢的品牌占其总支出的比例多 77%。同样，与不钟情的顾客相比，钟情的顾客在他们喜欢的加油站消费的比例多

11.8%。情感不仅左右人们对化妆品的购买，而且影响汽油这样的大路货的消费。

我们在其他调查中发现，钟情于某个连锁酒店的顾客把更多的住店开支用在这家酒店。在一家知名的大型连锁旅店，完全钟情的顾客的开支在其住店总开支中所占的比例比完全不钟情的顾客多64%。可见，地点和价格的作用是有限的。这是因为，就银行、副食店、加油站和酒店而言，消费者是有选择的。而只要有选择，情感纽带就会起到重要作用，并产生明显的后果。

不仅如此，顾客钟情度在企业对企业的营销中同样影响巨大。一如上述，企业客户也是有情感的，而我们的研究表明，这些情感是会产生后果的。以一家货运公司为例，其钟情的客户比不钟情的客户在货运量和运费上分别多48%和73%。同样，与不钟情的医生相比，对某一医疗产品的品牌钟情的医生购买该产品在其总支出中的比例多50%。与不钟情的顾客相比，对金融服务经纪商钟情的顾客多贡献三分之一（33.8%）的营业额，多购买50%的产品和服务，而且与供应商的关系更持久（平均超出16.7%）。

钟情能带来效益，而且始终带来效益。

提高钟情度同样有益。在另一项银行调查中，盖洛普了解到该银行为增强诚信和自豪而采取了一系列改进服务的举措，并对此举的结果进行评估。我们发现，钟情度提高的顾客同时增加了存款额，继而增强其与该银行的整体关系。在一年内从不钟情变为钟情的顾客将其存款额增加12%。而已经完全钟情并保持钟情度的顾客将其存款额增加大约9%。相比之下，如果钟情度低或下滑，银行业绩也会下滑，幅度高达7%—8%。

顾客钟情不仅带来效益，而且持续带来效益。它能成为企业未来财务表现的晴雨表。顾客钟情度能发出清晰的信号，不仅揭示一家企业当前的顾客关系，而且预测未来数月、甚至数年的财务结果。

"让我看到钱"（第二部分）

在不同经营单位的层面上，顾客钟情度带来的效益同样十分明显。不少公司不是从单个顾客的层面，而是从分店、分行或分销商的层面定期评测绩效、结果和利润，继而监测投资回报。

在一家大型建材和自助家装连锁店，研究人员根据CE11得分情况，将得高分的一半分店与得低分的另一半分店相比较，以观察其顾客钟情度上的差异。他们发现，高分店每笔交易的金额更高，与低分店相差7.6%。在全公司，顾客钟情度增加的收入高达将近5亿美元。

在另一家大型连锁店，发现了相同的结果。以每平方英尺的营业额计算，得高分的一半分店比得低分的一半分店多将近20美元。

一家汽车制造商的经营结果同样令人难忘，其表现形式十分相似。我们根据CE11得分，调查了25%得分最高的分销商，发现与25%得分最低的分销商相比，其销售每台新车的利润多11.1%。不仅如此，由于创造了吸引顾客回头的环境，它们还获得了其他收益：其售后服务的收入更高。

顾客钟情度能带来效益，而创造更高顾客钟情度的分店有充分的证据来证明这些效益。这些分店创造了良好的环境，能使顾客们感到不同一般，继而把炽烈的情感转变成真金白银的效益。

不仅如此，我们还发现，在分店的层面上，提高顾客钟情度有助于增加销售和利润额。例如，在一家大型美国零售连锁店，在一年内提高其顾客钟情度的分店与钟情度持平的分店相比，其销售额多增长 15%；而与钟情度下滑的分店相比，多增长 150%。

这一现象真是屡见不鲜。下表“顾客钟情度”仅仅列举了我们所发现的部分结果。对于任何一家企业，结论是明确的：钟情带来效益，不钟情增加成本。

顾客钟情度带来的效益

盖洛普将完全钟情的顾客与不钟情和完全不钟情的顾客相比，发现完全钟情的顾客带来更多效益，如表 1 所示：

表 1

银行	存款额多 26%
副食品连锁店	光顾频率多 20%；月消费多 33%
化妆品店	在总开支中所占比例多 77%
加油站	在总开支中所占比例多 12%
信用卡经销商	每年使用频率多 36%；消费额多 44%
连锁酒店	在总开支中所占比例多 64%

续表

货运商	运量多48%；运费多73%
商务服务提供商	营业收入多34%；客户关系延长14%
数据储存产品商	在总开支中所占比例多16%
医疗产品经销商	在总开支中所占比例多50%

盖洛普将顾客钟情度高的经营单位（如分店、分行或分销点）与顾客钟情度低的单位相比较，发现钟情度高的单位效益更好，如表2所示：

表2

家用品商店	每次交易额多8%
汽车制造商	每台售出的新车利润多11%
银行	每个分行季度利润增加50000—200000美元
大宗零售店	分店销售额年增长率多15%—95%
另一家银行	还款拖欠率少74%
自助零售商	每平方英尺销售额多20美元

对华尔街更有用的量表

可以不夸张地说，与企业和分析师通常使用的各种指标相比，顾客钟情度能对品牌健康度进行更准确、可靠的测量。钟情度揭示一家企业在多大程度上创造了牢固和宝贵的品牌联姻，继而敏锐地监测企业品牌关系的消长。

然而，大部分企业并不用这种方式来衡量其经营的成败。

这部分地是因为它们缺少可靠的指标来准确地反映其管理顾客关系的效果如何，这也是因为华尔街不这样看问题。结果，人们通常不关注钟情度，不认为它是驱动企业股票价值的关键因素，尽管事实已充分证明，最终决定一家企业价值的正是它的顾客。

然而，华尔街通常看重的是销售额、市场份额和营业额的增长。对于一家汽车生产商，就是它所销售的汽车数量和获得的利润总额。对于一家肥皂生产商，就是它的市场份额和利润的增长率。对于零售商，就是其销售总额的增长率，其中特别关注同一家分店的“综合”销售增长额，或开张一年以上分店的销售增长额。

尽管研究表明，大并不等于好，但人们仍然关注增长率。理查德·米尼特尔（Richard Miniter）在《市场份额的神话》（*The Myth of Market Share*）一书中对市场份额是否揭示品牌健康度进行了分析，得出了否定的结论。米尼特尔引用了一项对3000家企业的研究，其中发现，“70%的时间，市场份额最大的公司并没有获得最高的投资回报率。”米尼特尔指出：“我们都会同意，我们应当关注的是顾客，而不是竞争对手。”

这是一个很大的问题。一家企业如果提出一个关键目标，这一目标就会指导每位经理的计划和行动。对于其中许多人，目标会使他们走火入魔、寝食不安。

所以，如果企业提出的关键目标是营业额和市场份额的增长率，经理们就会关注能迅速有效地帮助他们达到目标的方案。降价肯定是个好办法。经理们能做的事包括减价、打折和无息贷款。如此，销售量至少在短期内会增加，但是付出的是什么代价？

如果企业的关键目标是利润，那么经理们就能朝另一个方向努力，如降低运营成本，用节流的方式影响财务底线。如此，利润至少在短期内会增加，但是付出的是什么代价？

无论是增加的营业额还是增加的利润额都未必惠及品牌的真正主人：顾客。而如果顾客不能得到实惠，则企业不仅不能增强品牌联姻，反而会削弱它。当顾客钟情度下滑时，许多其他的经营结果也会随之下滑，包括未来的销售额、增长率和利润。

与此相对，企业应当关注的指标是顾客的钟情度和健康的品牌联姻，而这是值得经理们为之绞尽脑汁和辛勤工作的。每个经理都应目不斜视地全力建设和保护企业最宝贵的资产——强大而热烈的顾客关系。这些品牌关系资产决定企业未来的健康和成功。

第十四章

管理品牌联姻

公司 CEO 和董事们确信，品牌和顾客关系是企业宝贵的资产。不仅如此，他们还表示愿意对这些资产投资。然而，真实情况是，企业营销计划的效果和品牌建设的投资回报都十分有限。顾客关系并未增强，而是陷入停滞，至多是过得去，远远达不到激情。

有太多的企业仅仅作出平均的承诺、平均的表现和平均的品牌体验。不出所料，潜在顾客对它们的种种示好置之不理，而现有的顾客则缺乏激情。

从起点开始

为了应对这一问题，让我们回到起点：企业的品牌承诺。承诺要完成一个基本任务：必须将品牌以及当一名品牌顾客特有的情感，与其他所有可能的选择明确无误地区分开来。无论你的品牌与之竞争的是300种早餐麦片，3500个IT顾问，还是30种中型越野车，你的品牌承诺都必须在最重要的人——消费者心中占据一个独一无二的位置。品牌必须代表某种不同凡响的东西，能赢得消费者的关注、考虑和购买，并最终赢得他们持久的依附和忠诚。一个品牌最强大和持久的区分性在于顾客消费它时的感受，无论这是在一条小路上驾驶宝马车，走进一家沃尔玛超市购物，还是吃一口Taco Bell快餐店的墨西哥辣馅饼，或在一块特制的俱乐部三明治上涂奇妙酱。顾客必须能感受、识别和珍爱品牌的特点。如果顾客无法与品牌发生任何联系，就不可能产生个人的共鸣。

不少人对这一说法表示同意。在《品牌起源》（*The Origin of Brands*）一书中，艾尔（Al）和劳拉·里斯（Laura Ries）有力地指出，品牌（我们应加上品牌体验）必须避免区分度微小或不清的“模糊的中间带”。在《不分则亡》（*Differentiation or Die*）一书中，杰克·特劳特（Jack Trout）警告读者提防“我也算一个”的陷阱。他写道，区分度模糊是一个品牌的丧钟，之所以不少新品牌流产和老品牌萎缩，都是出于这一原因。

所以，关键的启示在于千万不要陷入中庸。不信请看看那些苦苦挣扎的公司，例如Kmart和希尔斯（两家现在已合并）、华美达酒店、别克汽车、A&P，还有联合航空公司，它们都陷入界限不清的中间地带。

含义深刻的区分是基本条件，然而大部分品牌都通不过这一初级考试。消费者无法识别某个品牌与其竞争者的不同之处。与其他品牌的承诺相比，他们看不到任何不同，所以使用或购买这一品牌时不会产生任何独特的情感。甚至消费者长期使用的不少品牌也是如此。营销人员问消费者："你使用的品牌有什么独到之处?"对方的回答使他们失望："没什么，反正用了很长时间。"

显然，这无法构成持久联姻的基础。如果消费者不知道一家企业的品牌承诺是什么，他们对于企业是否有决心和能力来兑现其品牌承诺就没有信心。

在消费者眼中有别于其竞争对手的品牌真是少之又少，这是因为大部分公司都说不清它们的品牌与所有其他品牌的区别究竟何在。

聚焦、聚焦、再聚焦

如此缺少区分性似乎不太正常，毕竟企业为创造与众不同的品牌名称、标志和包装花费了成百上千万的巨资。他们似乎从骨子里深知，区分性是至关重要的。

不仅如此，企业为确保区分性不惜下工大和花时间。许多高层会议很可能都在讨论"我们代表什么?"的话题。然而，要企业说明它们究竟不同在何处，并把区分性落实到每个环节，它们往往变得苍白无力。也许它们根本就不知道其品牌体验究竟不同在何处，为什么这一不同之处能与顾客建立互惠的关系，甚至品牌联姻。

这是一个常见的问题，但它违背了商业成功的基本需求，即威廉·科恩（William Cohen）在《战略家的艺术》（*The Art of the Strategist*）一书中所说的“对明确目标的全力追求”。除非目标明确，并且企业全力并公开地追求它，否则成功的机会就微乎其微。

然而，在许多情况下，企业的目标是模糊不清的，而且态度模棱两可。正如吉姆·柯林斯在《从优秀到卓越》一书中所指出的，许多企业不善于识别自身什么地方与众不同；大部分企业不知道它们能承诺什么，提供什么，什么事情它们比世上任何人都做得好。要想打动潜在顾客，并在现有顾客中创造激情，企业绝不能满足于过得去，而必须力争卓越。

平庸的承诺和表现无助于建立和维系品牌联姻。而品牌联姻从来不是静止的，不是越来越幸福、稳固和健康，就是每况愈下。

满足于“过得去”还有另一个问题。大部分企业真心希望每个人都成为它们的顾客；它们希望每个人都与它们联姻。由于缺少一个准确界定的顾客群，他们的品牌体验的界限和定义不清。它们只想把企业做大，越大越好。这意味着越来越多的顾客。它们希望自己的产品吸引所有的人。

但这是不可能的——如果企业真想使自己的品牌与众不同的话。没有一个品牌的体验对于所有人都有相同的吸引力，而且所有企业都不应试图与每个人做生意。如果一个品牌代表了整个产品门类，那它不是垄断就是大路货。无论哪种情况，它都不会成为与众不同的品牌，不可能在这个门类中生存和繁荣，更不可能维持足以抵挡竞争者的诱惑和低价的吸引并保持激情的品牌联姻。

没有一个品牌能称每个人的心。

越大越好吗？

尽管如此，企业高管和华尔街分析师们仍然紧抱增长第一的信条不放，因此，增长就成为大部分 CEO 关注的焦点。这一信条驱动营销人员针对他们的品牌承诺和承诺的对象而不断扩大自己的想象，结果，品牌承诺不断扩大，而承诺对象一边增加，一边变得模糊不清。

这种现象真是屡见不鲜。在《大品牌，大麻烦》（*Big Brands, Big Trouble*）一书中，杰克·特劳特（Jack Trout）举了通用汽车的例子，认为它是品牌承诺过宽而失去重点的典型。通用汽车一边推出越来越大和越来越贵的雪佛莱车，一边销售较便宜的小型开迪车，结果扼杀了中庸的奥兹莫比尔车。

犯错的并非通用一家。以安全著称的沃尔沃要进军性感的时尚车市场；大众推出了途锐越野车和更昂贵的辉腾豪华轿车；而保时捷试制过使用大众中置发动机的 914。我们也许应该期待更离谱的车型问世：紧凑型的敞篷劳斯莱斯，捷豹面包车，还有九座的 Mini Cooper 越野车。

汽车界的信条似乎是：首先，界定有别他人的品牌承诺，然后扩大承诺，进军越来越模糊不清的领域。然而，对于现有的品牌伴侣，对于那些完全钟情和忠诚的品牌顾客，此举却在传递这样的信息："我们对你们没兴趣。你们身后有更精彩的世界，那才是我们真正想去的地方。"显然，这丝毫无助于增进企业品牌承诺的清晰度和可信度。

银行也是这样做的。它们现在什么都卖，从支票账户和购房贷款到保险和投资顾问。电话公司高速扩张，先把本地与长途业务合并，然后进军有线电视和无线网络通信。服务领域如此广泛的大公司究竟作出什么与众不同的品牌承诺呢？

难怪消费者们弄不懂一个品牌的承诺究竟是什么。他们的迷茫所反映的是企业五花八门的信息和产品。

把品牌落到实处

如果企业无法说明它们的品牌承诺，或偏离意义深刻的品牌区分，就会产生新的问题。每一家企业都通过无数的途径接触消费者——产品、包装、员工；促销和宣传；橱窗、停车场和员工制服；网站和电话营销。所有这些触点之间必须保持一致：所有触点必须传递一个统一的品牌信息，而且每个触点必须实现品牌承诺。如果信息和表现不一致，顾客对其体验的感受就会不一致，继而导致顾客离心离德，损害品牌关系。

由于企业与顾客接触的方式十分复杂，一个清晰表述的品牌承诺还能起到至关重要的内部作用。一个明确无误、与众不同的品牌承诺将指导和规范企业在顾客触点上的计划和行动。

品牌承诺一旦界定，就必须共享。产品和设计工程师、广告部和商店运营团队如果不知道品牌承诺是什么，就不可能落实它。如果品牌承诺不清楚，呼叫中心团队、网页设计师和商店出纳就无法传递相同的品牌信息，或创造同一种独特的品牌体验。

盖洛普开发了测量员工敬业度的 12 个指标，其中之一问到企业的每个员工，他们在多大程度上同意这句话：“我知道对我的工作要求。”如果不对企业的品牌承诺进行明确界定，就没有人知道对自己的工作要求是什么，继而同时损及员工敬业度和顾客钟情度。

解决问题还是各司其政

企业在努力拓展其与顾客的关系时，常常遇到另一个结构性的问题。企业与顾客有千丝万缕的联系，而消费者并不是单独地看待每一种联系方式的。相反，消费者认为所有的联系方式都是同一个品牌的各个方面；它们是同一个整体品牌体验的组成部分。每一个触点都是一个品牌大使，一个受品牌雇用和委托的代理人。

虽然消费者把品牌——无论是星巴克、丰田，还是高露洁——当做一个整体来体验，企业却不这样对待和管理它们，也不用这样的方式来规划日常运营。大部分企业根据不同的日常活动和功能来划分运营，而不是根据消费者对品牌的体验。如此，它们建立了一系列的部门，每个部门承担一个独特的功能：营销、销售、运营、维护、顾客关系管理、人力资源、广告、法律、质量控制、生产、财务，等等。

表面看，成立职能部门有利于企业的整体运营。它聚焦于企业运营的一个方面，以及继续生存所需要做的事情。它根据界定的需求来聚集商业资源。

的确，成立职能部门是有道理的，但从顾客角度看，就不同了。这是因为各个职能部门并不总是步调一致的。营销部关注如何扩大企业的市场份额和品牌承诺的吸引力；而法律部关注如何避免过度承诺及可能引起的法律纠纷；广告部关注如何设计新的口号来吸引新顾客；而顾客关系部则关注如何为现有顾客服务；呼叫中心关注如何缩短接听电话的平均时间。所有这些部门都对顾客体验的质量产生直接影响，但是唯有管理高层才能超越部门的界限而掌握大局。一家企业的高管最关心的是股市，而这意味着增加产出和削减成本。

谁负最后的责任？

以上的一切发生时，品牌关系的真正主人正步入商店，排队付款，或试图挤进飞往丹佛的下一个航班的17B座位里。或许，他正拿着电话，听里面的录音说，他的电话是多么重要，并感谢他的耐心——好像他能选择一样。

究竟谁在关注顾客？我们说的不是那些管理顾客投诉热线的人，也不是通过E－mail向顾客数据库传送各种优惠的人，而是有权调配企业的全部资源，来吸引和保留完全钟情的顾客的人。

所有的企业都特别重视某些职能，因为它们对于企业的成功至关重要。由于技术管理日趋重要，并且每家企业都需要一个既有远见又有权力的人来主持这项工作，企业设有首席信息官（CIO）；由于财务是企业的生命线，企业设有首席财务官（CFO）；由于企业的运营既复杂又重要，企业还设有首席运营官（COO）；有的企业甚至还有首席营销官（CMO），致力于协调广告、促销、包装，甚至定价，从而推动企业的全面业绩。

但是，首席顾客官（Chief Customer Officer）在哪里？谁的职责是日日夜夜，每时每刻思考顾客及其钟情度？如果顾客像企业的宣传册和年度报表所说的一样重要，那就应该任命一名客服总管。这人不会是CEO，因为顾客的需求与华尔街不是一回事。

任命一名首席顾客官不等于创造一个新头衔，把它随意贴在任何一个处理顾客投诉的人身上。一如CIO或CFO，顾客主管必须有职有权。任何影响到顾客的事情，他都必须亲自过问。

毋庸赘言，对于大多数企业来说，设立和任命这样一位C字头的主管是一个巨大的挑战和步骤。但是一些大胆的企业，特别是一些结构创新的技术公司（如太阳计算机系统公司和西科系统公司），设立了首席顾客官的职位，尽管叫法略有不同。既然销售奶酪饼的Sara Lee公司和销售麦片的Kellogg公司都设有首席顾客官，那么美洲银行、施贵宝和JetBlue航空公司也不应例外。说到底，顾客难道不是与你购买的笔记本电脑和维护的网络一样重要吗？

不幸的是，大部分公司现有的组织结构不利于调集各类资源，来设计、传播和实现愉快而独特的品牌体验。由于这一原因，我们常常发现，一家企业一半以上的顾客对于其品牌全无兴趣（不钟情）或彻底脱节（完全不钟情）。这是对机会多么大的浪费！企业精心设计了一个令人耳目一新和与众不同的品牌承诺，来吸引潜在顾客尝试其产品或服务，由此产生的品牌体验是不应该让一半的顾客无动于衷甚至怒气冲冲的。而且这些被得罪的顾客为表达其感受，不仅会抱怨，更会拒绝购买。

恢复健康

如果世上有一半的顾客注定与品牌脱节，更多见的不是品牌激情，而是怒气冲冲的不满，该多么糟糕！但是我们并未不可挽回地陷入这样的困境。正如一些企业所证明的，这一切未必是命中注定。

这些企业在成功地创造钟情的顾客，它们的经验说明建立充满激情的品牌关系具有强大的功效。我们调查过的一家跨国商务服务公司在短短一年内将其顾客的信心得分提高46%。这样的变化意义重大。一家大型的美国零售商发现，其CE11整体得分平均提高小小的0.1，就会使其市场份额增加1.1%。提高顾客的钟情度不仅是个好主意，而且完全能够实现。但这并不等于它既快又容易。

此外，虽然品牌关系能够改善，但是显而易见，除非企业进行真正的变革和采取真正的行动，一切都不会发生。无论使用什么指标，仅仅进行评测是不足以增强顾客关系的。同理，高层仅仅发出指示，要求每个员工都关注顾客，也不会改进顾客关系。

要使这一切成为现实，企业必须把增强顾客关系真正当做管理的重点，为各级人员都设定明确的目标，并在与顾客的每次接触中加以落实。如果一切照常，顾客关系是不会改进的。

不言而喻，如果企业关注无关大局的结果，其与顾客的关系肯定不会改善。品牌认知不是企业的目标。一些行将就木的品牌仍有很高的认知率。如果认知率那么重要，那么星巴克、

Mini Cooper 和红牛就会死路一条，奥兹莫比尔还会继续生产，而 Kmart 会大获全胜。

企业的目标必须是品牌钟情，即企业与顾客之间持久并牢固的联姻。企业必须不遗余力地和充满激情地追求这一目标，不仅高层，而且每个员工都这样做，无论其职责是摆放货架、接电话、设计包装、维修汽车，还是广告创意。

有许多好做法等待我们去分享。之所以等待，是因为迄今为止，我们缺乏可靠的手段来识别改进顾客关系的优秀个案。传统的顾客满意度调查无法识别它们，因为此类调查眼界不够高。它们往往无视顾客的情感，而且很少测评每个顾客触点上发生的情况，而正是这些触点在建立或破坏企业与其顾客的关系。

每个企业都有这方面的最佳实践和等待实施的解决方案。首先，我们必须识别它们。这要求企业对各种可能的行动，即所谓的“可控功能”，进行评估，看看它们如何影响品牌联姻的健康度。众多的企业仍在寻找“银子弹”，即能在企业全面实施的神奇的解决方案：新的广告攻势、新的烹饪温度要求、重新重视收银速度、重新设计的 ATM 机、新制服、微笑徽章、鼓舞士气的外场聚会等。

但是如此简单的方案是无法奏效的。我们发现，真正奏效的方案深入组织的各层，充分发挥每个与顾客互动的员工的独特优势。奏效的方案使品牌体验与众不同，或大大增强企业产品和服务的吸引力和效能。企业需要的方案必须能使顾客感受到并与之衔接。但是，企业首先必须认识到，就品牌体验所言，正如前耐克和星巴克的负责人斯科特·贝德伯里（Scott

Bedbury）所说，“所有的细节都至关重要”。

这一切都不容易，但是舍此没有别的出路。难道要坐视你一半以上的顾客寻找机会转移他们的部分、甚至全部消费吗？

衔接的条件

基于60多年对顾客情感的调查和研究，我们总结了一些要点，来说明什么将顾客与他们逐步认知、信任、甚至热爱的品牌相衔接。这些要点是不言自明的，但说来容易，做来却难得多。

千里之行，始于足下；通往牢固的品牌联姻的道路从以下三点开始：

1. **说明你的品牌承诺。**即你觉得什么使你的品牌产品或服务不仅理性上，而且情感上与众不同。你的潜在和现实顾客在多大程度上同意你的说法？企业内部和潜在与现实顾客中，有多少人知道你的品牌承诺？为了与那些需要知道的人分享你的品牌承诺，你在采取什么行动？你在多大程度上“拥有”这样的承诺？你能拥有什么样的有冲击力的品牌承诺，如何令人信服地支持和传递它？
2. **识别和陈述你的目标。**谁是你真正需要和必须争取的顾客？你的顾客群在发生什么变化？你最看重的是什么样的潜在顾客？你在采取什么行动，来识别和吸引有可能建立持久的品牌联姻的潜在顾客？你在实施什么方案来认可和奖励你的现有顾客？你在采取什么行动，来与你的顾客进行情感衔接，而不仅仅使他们满意？你在关注顾客的哪些需求——理性与情感、一般与个别——来不仅创造与众不同的品牌承诺，而且创造与众不同的品牌体验？你如何监控你的进展和表现？你如何判断自己是否达到目标、增强品牌的健康度和改进品牌关系？

3. **统一你的顾客触点。**你接触你的潜在和现有顾客有多少方式——通过产品、流程、人员、政策、定价、包装、促销，还是渠道？在各个触点，你的品牌承诺被充分了解和接受吗？你在每个顾客触点上都充分实现了你的品牌承诺吗？你的人员中呈现了怎样的品牌激情？你在采取什么行动，在每次顾客接触中都保持统一的标准和质量？谁应对这一切负责？在潜在和现有顾客面前保持企业的统一形象，你做得如何？你面临什么样的障碍，为克服它们，你有什么计划？

品牌联姻管理至关重要，切不可漫不经心和半心半意。蜻蜓点水是不可能取得成果的。在此，我们不妨重复威廉·科恩的要则："对明确目标的全力追求。"资金不足的试行方案无法令人信服，遑论解决问题。组建授权有限的别动队或缺乏激情和权威的行动组也无助于捕捉增强顾客关系的机会。品牌联姻管理需要统一步调和全力投入，需要渗透企业各层的深度承诺。瞻前顾后和安于现状的人是不可能奏效的。

结论

本书讲述了消费者的故事——他们与品牌联姻，甚至白头偕老。消费者是与企业互动的伙伴，我们通过他们的眼睛审视品牌世界。我们研究的案例以消费者为重，而不是以企业为重。

毕竟，是否联姻的选择由消费者决定。企业可以追求，可以求婚，可以希望结为连理，但是它们无法指定日期，也无法强求建立关系。

婚姻顾问告诉我们，美满婚姻需要你去努力争取和维护，企业和品牌也不例外。为了更努力和更聪明地进行联姻管理，企业必须关注和倾听消费者们。

我们必须关注成功企业的故事，而这样的故事比比皆是。每每读到 GE 是“如何做的”，或 3M 是如何动员全体员工开展创新的，我们都兴趣盎然。每每听到耐克和 Nordstrom，迪斯尼和英特尔公司的故事，我们都心向神往，且备受启发。

但是要理解品牌关系，特别是管理它们，我们必须深入了解消费者的情感，以及他们为什么和如何选择联姻。一家不与消费者联姻的企业是没有前途的。

消费者急于告诉你品牌联姻的状况，他们等着帮助你改善和增强这些关系。倾听他们的呼声是至关重要的，尤其是如果你问对了问题，并且做了充分准备，听后迅速采取相应的行动。

附 录 A

潜在钟情度指标

以下指标用来评测一家企业的潜在顾客认同其品牌或建立品牌关系的可能性。指标反映了潜在顾客对企业通过各种产品、渠道、员工代表和品牌宣传而传递的品牌承诺的感受。要对某个品牌实施评测，目标消费者必须对该品牌有所了解。

信心（Credibility）

- （品牌）是我始终信任的名字。
- （品牌）始终信守承诺。
- （品牌）是一个备受尊敬的名字。
- 我知道（品牌）的核心价值和独特之处。

冲击力（Compelling）

- （品牌）建立了所有其他品牌都必须遵循的标准。
- （品牌）与所有其他（产品/服务）都大不相同。
- 我无法想象世界上没有（品牌）。
- （拥有者/购买者/购物者/顾客）都对（品牌）赞不绝口。

衔接（Connecting）

- （品牌）对于我这样的人是完美的（产品/服务）。
- 我能欣然想象自己成为（品牌）的（拥有者/购物者/购买者/顾客）。

附　录 B

顾客钟情度指标（CE11）

以下是书中提及的分析所使用的 11 个顾客钟情度指标。它们提供了一个工具，用来评价和监测一家企业或一个品牌与其顾客之间的关系。

量表的第一部分是三个态度忠诚的评价指标，使用 5 分量表，其中“5”表示“非常”，“1”表示“毫不”：

- 整体上，你对（品牌）满意吗？
- 你可能继续选择/再购买（品牌）吗？
- 你可能向一位朋友/同事推荐（品牌）吗？

与这三个态度忠诚的评价指标相结合的是八个情感依附的评价指标，同样使用 5 分量表，其中“5”表示“非常同意”，“1”表示“非常不同意”：

- （品牌）是我始终信任的名字。
- （品牌）始终信守承诺。
- （品牌）始终公平待我。
- 如果发生问题，（品牌）始终能够妥善解决。
- 我为成为（品牌）的一名（顾客/购买者/使用者/拥有者）而感到自豪。
- （品牌）始终尊重我。
- （品牌）对于我这样的人是完美的（公司/产品/品牌/商店）。
- 我无法想象世界上没有（品牌）。

对于不涉及服务或人员触点的情况，关于诚信的两个指标（公平待我；如果发生问题）做如下调整：

- （品牌）是一个备受尊敬的名字。
- 如果发生问题，（品牌）始终能为其产品负责。

了解更多

为了解盖洛普公司对消费者钟情度和品牌管理的最新研究和发现，请关注《盖洛普管理期刊》（*Gallup Management Journal*），网址：http：gmj. gallup. com，浏览威廉·J. 麦克尤恩博士和其他营销专家的文章和案例。